교회만이 희망이다

교육교재

교회만이 희망이다

홍성욱 지음

교육교재

교회성장연구소

차 / 례

Part 1 교회만이 불멸하는 희망이다

01 지상 첫 교회는 뭔가 달랐다 · · · · · · 08
02 천국 열쇠를 쥔 교회가 불멸한다 · · · · · · 18
03 교회는 유람선이 아니라 구조선이다 · · · · · · 28
04 희망의 씨앗은 한 몸 한 꿈으로 자란다 · · · · · · 40

Part 2 세상은 성도의 삶에서 희망을 본다

01 부름 받은 모든 성도가 교회성장의 원동력이다 · · · · · · 52
02 하나님의 마음을 헤아리는 종이 쓰임 받는다 · · · · · · 64
03 소명으로 가는 길이 소망의 길이다 · · · · · · 78

Part 3 하나님 앞에서 세상과 함께 춤춰라

01 하나님은 열정의 사람을 주목하신다   94

02 영혼을 구원하는 인생이 기적을 일으키는 인생이다   108

03 하나님 앞에 서는 것이 승리의 비결이다   122

Living Church

Part 1

교회만이
불멸하는 희망이다

01
mission

지상 첫 교회는 뭔가 달랐다

삶 나누기

1. 교회에 다니면서 가장 재미있었던 일은 무엇인가요? 에피소드를 하나씩 나눠 봅시다.

생각하기

1. 지금 우리 교회의 좋은 점과 나쁜 점에 대해서 생각한 대로 나눠 봅시다.

2_ 다음 그림을 보고 함께 생각해 봅시다.

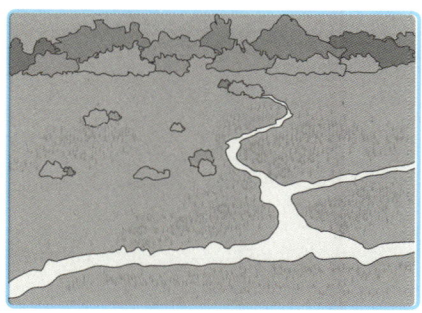 

❶ 얼핏 보면 수족관이 더 깨끗하고 화려해 보이지만, 물고기가 살아가는 환경으로는 습지가 더 좋습니다. 왜 그럴까요?

❷ 앞서 나누었던 우리 교회의 나쁜 점이 습지의 자정능력과 같은 현상으로 정화된 적이 있습니까? 그때의 상황을 나눠 봅시다. 없다면 어떻게 정화할 수 있을지 생각해 봅시다.

탐구하기

1_ 지상 첫 교회는 성도가 달랐다.

❶ 지상 첫 교회는 예수님의 _____과 _____을 _____했다.
(행 1:3-11)

❷ 처음으로 십자가의 감격을 느꼈던 때가 언제였는지 구체적으로 나눠 봅시다.

십자가의 감격을 느꼈다는 것은, 예수님께서 달리신 그 십자가의 고난이 나의 고난으로 느껴진다는 것입니다. 예수님께서는 하나님의 아들이시기에 죄가 없으시고 완전하신 분입니다. 그런 분께서 '나'의 죄를 해결해 주시기 위해서 내 대신 십자가에 달리셨습니다. 이 사실이 믿어진다는 것은 십자가의 감격을 체험한 것이며, 이러한 사람은 내 안에 '죄의 문제'가 해결되었다는 사실 또한 알게 됩니다. 그렇기 때문에 기쁨과 감사로 하나님께 헌신하는 사람이 될 수 있습니다.

2_ 주님의 명령과 약속을 믿고 지켰다.

① 예수님께서는 제자들에게 어떤 명령을 내리셨나요?

(행 1:4-5)

② 열두 제자는 이해할 수 없는 상황에서도 예수님의 명령과 약속을 믿고 순종했습니다. 이처럼 예수님의 말씀을 믿고 순종하며 기도했을 때 응답 받은 경험이 있다면 나눠 봅시다.

3_ 지상 첫 교회는 인종, 성별, 신분을 초월했다.

① 사도행전 1장 13절에서 14절 말씀과 아래 삽화를 통해서 알 수 있는 공통점을 찾아서 나눠 봅시다.

초대교회 공동체는 '포용'하는 공동체였습니다. 교회는 나와 친한 사람들끼리만 모이는 공동체, 나와 생활 수준이 비슷한 사람들끼리만 모이는 공동체가 되어서는 안 됩니다. 오늘날의 교회는 지상 첫 교회와 같이 인종과 성별과 신분과 그 모든 것을 뛰어넘어서 예수 그리스도의 부활의 증인이라는 한 가지 이유로 하나의 깃발 아래 모여야 합니다.

❷ 공동체 내에 너무나 친해서 혹은 너무나 가까워서 그들 사이에 다른 어떤 사람도 끼어들지 못하는 상황이 벌어질 때, 내가 할 수 있는 포용의 방법에는 무엇이 있을까요?

4_ 마음을 같이했다.

① '사공이 많으면 배가 산으로 간다'는 속담이 있습니다. 아래 그림을 보고 배가 바른 목적지인 바다로 가기 위해서는 어떻게 하는 것이 좋을지 자유롭게 나눠 봅시다.

❷ 초대교회는 마음을 같이한 공동체였습니다. 그러나 마음을 같이한다는 것은 쉽지 않은 일입니다. 내가 소그룹의 리더가 된다면 어떤 방법으로 소그룹원과 한마음을 만들어 나갈지 나눠 봅시다.

MEMO

5_ 기도에 힘썼다.

❶ 말씀을 통해서 확인할 수 있듯이, 교회와 공동체가 사도행전적인 교회를 만들어 나가기 위해서는 먼저 _____ 로 시작해야 합니다. _____ 가 넘치는 교회가 되어야 합니다.

(행 1:14)

기도하지 않고 행하는 모든 일에는 반드시 결점이 있습니다. 기도하지 않고 행하는 모든 사업은 시간이 지날수록 흠과 결점이 드러나게 되어 있습니다. 그러나 충분히 기도하고 행하는 모든 일은 그 일이 진행되면서 점점 더 온전해지고 하나님께 영광을 돌리게 되며 더 큰 기쁨을 느끼게 됩니다. 기도는 그리스도의 마음을 갖게 하기 때문에 모든 일은 기도로 시작해야 합니다.

MEMO

적용하기

1_ 좋은 교회는 '자정능력이 있는 교회'입니다. 내가 우리 교회에 자정능력을 일으키는 습지와 같은 사람이 되어 봅시다. 지금 우리 교회의 모습 중 하나님께서 슬퍼하실 일은 무엇이 있을까요?

2_ 우리 교회 내 하나님의 눈물이 머무르고 있는 그곳에 자정능력을 일으키기 위해서 내가 무엇을 할 수 있을까요? 거창하고 어려운 일이 아니어도 좋습니다. 다른 사람들 눈에는 보이지 않을지라도 하나님께서 기뻐하실 일은 무엇이 있을지 생각해 봅시다.

02 천국 열쇠를 쥔 교회가 불멸한다
mission

삶 나누기

1_ 사람들로부터 듣는 말 중 가장 기분 좋은 말은 무엇인가요?

2_ 사랑하는 사람에게 내가 해주고 싶은 가장 로맨틱한 고백은 무엇인가요?

생각하기

1 진리 위에 선 교회가 바로 '건강한 교회'입니다. 아래의 보기 중에서 교회를 건강하지 못하게 하는 것 두 가지를 고르고, 왜 그렇게 생각하는지 나눠 봅시다.

- [ ] 교회의 모든 힘을 선교에 집중하는 교회
- [ ] 성도들 간의 관계 형성에 힘쓰는 교회
- [ ] 새가족 환영 및 교육에 전념하는 교회
- [ ] 전도 및 전도 행사에 초점을 맞춘 교회
- [ ] 교회의 모든 관심을 이웃 봉사에 집중하는 교회
- [ ] 다채로운 문화 행사와 찬양집회에 힘쓰는 교회
- [ ] 다양한 교육 훈련과 세미나에 집중하는 교회
- [ ] 교회 복지 시설과 환경 미화에 힘쓰는 교회

예수님의 몸 된 교회는 불멸의 소망으로 이 땅에 존재합니다. 진리 위에 선 교회는 영원히 세상의 소망이 되고 죽어 가는 많은 사람에게 생명을 전하는 공동체가 됩니다. 건강한 교회의 본질에 대해서 성경의 내용을 토대로 자세히 알아보도록 합시다.

탐구하기

1_ 건강한 교회는 바른 신앙고백이 있다.

❶ 건강한 교회는 바른 신앙고백 위에 서 있는 교회입니다. 성경은 베드로의 모범적인 신앙고백의 모습을 보여 줍니다. 마태복음 16장 16절에서 17절을 참고해서 베드로의 모범적인 고백에 대해 살펴봅시다.

❷ 이번에는 내가 베드로와 같이 신앙고백을 해봅시다. 앞서 기록했던 사랑하는 사람에게 한 로맨틱한 고백과 같이 하나님께 할 수 있는 최고의 신앙고백을 해봅시다.

🌱 건강한 교회는 출신, 가문, 학벌, 경제적 위치, 능력, 명예가 아닌, 오직 바른 신앙의 고백에 근거해야 합니다. 교회에는 어떤 담장도 있어서는 안 됩니다. 오직 교회는 예수님이 나의 주님이시고 나의 구세주시며 살아 계신 하나님의 아들이라는 고백을 공유하는 사람 모두에게 열려 있어야 합니다.

2_ 교회는 구원의 안내자이다.

❶ 하나님께서 우리에게 허락하신 권세가 하나 있는데 그것이 무엇인지 성경에서 찾아봅시다.

(마 16:19)

❷ 하나님께서 우리에게 주신 권세에 대해 천주교와 개신 교회는 다른 견해를 가지고 있습니다. 내가 알고 있는 차이점을 나눠 봅시다.

천주교는 베드로의 손에 천국 열쇠가 있기 때문에 베드로가 천국 문을 열어 주어야만 들어갈 수 있다고 믿습니다. 천국 열쇠를 베드로에게 주었다는 말씀을 문자 그대로 해석한 것입니다. 그래서 천주교는 베드로를 초대 교황으로 인정하고, 지금의 교황이 그 천국 열쇠를 계승하고 있다고 주장합니다. 즉, 구원의 열쇠를 교황이 가지고 있다는 것입니다. 상징적으로는 교회의 주인이 예수님이라고 말하지만 실제적인 교회의 주인은 명백하게 교황인 것입니다.

그러나 개신 교회에서는 베드로와 같이 신앙고백을 한 자 모두에게 천국에 들어갈 수 있는 권세가 주어진다고 해석합니다. 예수님은 성경의 많은 부분에서 비유와 상징으로 말씀하셨습니다. 먼저 마태복음 16장 17절에서 18절의 말씀을 잘 살펴보면 그 의미를 깨달을 수 있습니다. "바요나 시몬아 네가 복이 있도다. 이를 네게 알게 한 이는 혈육이 아니요 하늘에 계신 내 아버지시니라"(마 16:17) 즉, 그의 고백이 하나님께로부터 온 것임을 말씀하시고 약속을 주십니다. "또 내가 네게 이르노니 너는 베드로라 내가 이 반석 위에 내 교회를 세우리니 음부의 권세가 이기지 못하리라"(마 16:18)

즉 베드로의 몸 위에 교회를 세우겠다는 것이 아니라 베드로와 같은 신앙고백 위에 교회를 세우시고, 이런 고백을 하는 사람에게 천국 열쇠를 주시겠다는 것입니다. 그러므로 개혁주의 신앙에서 천국 열쇠를 가진 사람은 목사도, 장로도, 집사도 아닙니다. 성별과 인종을 초월하여 언제 어느 곳에든지 주 예수를 구주로 고백하는 모든 믿는 사람입니다. 그래서 하나님 앞에서 믿는 자는 누구나 제사장이 되는 것이고, 이것이 구원의 보편성입니다.

3_ 교회의 주인은 예수 그리스도이다.

(마 16:18)

① 교회에서 신앙생활과 사역을 하면서 다른 사람에게 간섭 받으면 민감해지거나, 기분이 상하는 영역이 있습니까? 있다면 함께 나눠 봅시다.

② 교회에서 사역과 봉사를 하면서(혹은 신앙생활 가운데) 다른 사람의 열심과 열정 때문에 상처 받았거나, 상처 주는 모습을 본 경험이 있다면 함께 나눠 봅시다.

③ 아래 글을 함께 읽어 봅시다.

세상에 있는 모든 교회는 주님의 것입니다. 주님이 그 소유권을 쥐고 계십니다. 그러므로 누구도 교회의 소유권을 주장해서는 안 됩니다. 내 뜻대로 교회를 운영하려 해서는 안 됩니다. 교회는 주인의 뜻을 묻고 그 주인의 뜻대로 방향을 정해야 합니다.

교회를 세우시는 분도 주님이십니다. "내 교회를 세우리니"(마 16:18) 주격 동사를 쓰고 있습니다. 교회를 세우시는 주체가 예수님이라는 말입니다. 우리가 교회의 부흥과 성장을 갈망하며 애쓰고 노력할지라도 주님의 은혜가 임재하지 않으면 그 소망은 실현될 수 없습니다. 교회의 성장은 하나님의 은혜로만 가능합니다. 하나님의 주권적이며 통치적인 사역인 것입니다. 우리는 그분의 긍휼을 기다리며 우리의 수고와 노력을 드릴 뿐입니다.

MEMO

4_ 교회를 무너뜨리려 하는 세력을 대적하라.

(마 16:18)

① 예수님께서는 교회를 방해하는 세력이 있음을 말씀하십니다. 이들은 교회를 다투게 하고 분열하게 합니다. 이 세력은 외부적인 요인도 있지만, 교회 안에서도 찾을 수 있습니다. 그 예를 아래의 글을 통해서 알아봅시다.

    가룟 유다는 민족주의자였습니다. 그는 예수님이 민족의 해방자가 되어 주리라 기대했으나, 예수님은 이스라엘을 독립시키는 정치가의 길을 가지 아니하고, 온 인류를 죄에서 구원하는 영적 구세주의 길을 가셨습니다. 가룟 유다는 예수님께서 이스라엘 민족의 눈물을 외면했다는 생각에 민족의 이름 앞에 예수님을 팔았고, 그것이 정의라고 믿었습니다. 그러나 예수님이 십자가에 못 박혀 돌아가신 후 그는 자신이 사탄의 도구로 쓰임 받았다는 것을 깨닫고 스스로 목숨을 끊었습니다.

  성도는 음부의 권세의 도구가 되어서는 안 됩니다. 얄팍한 정의감에 사로잡혀 잘못된 정보의 노예가 되어 책 몇 권의 교만한 지식을 가지고 스스로 판단하여 교회를 허무는 일을 하지 말아야 합니다. 이것이 정의이며 교회를 위한 것이라고 자신을 변호하거나 위장하지 말아야 합니다. 이것은 고전적인 사탄의 방법입니다. 오늘도 분열의 영, 음부의 영이 성장과 복음을 갈망하는 교회 가운데 역사하고 있습니다. 그래서 성도와 성도 사이에서 이간질하고, 성도와 목회자 사이를 이간질합니다. 그러므로 우리는 성령님의 역사를 간구하면서 동시에 음부의 권세를 결박해야 합니다.

❷ 음부의 권세는 교회 안에서 부흥하고 하나 되어 서로 사랑하는 성도들에게 침투하여 관계를 이간질하는 영으로 역사합니다. 그렇기에 누구나 이런 유혹에 빠지기 쉽습니다. 혹시 내가 속해 있던 공동체가 이런 경험을 한 적이 있다면 그 때의 일을 함께 나눠 봅시다.

적용하기

1_ 오늘 배웠던 건강한 교회의 네 가지 본질을 토대로 지금까지의 나의 삶을 돌아봅시다. 다른 성도나 교회를 평가하기 이전에 내 모습을 스스로 반성하고, 더 나아가 하나님 안에서 변화될 내 모습을 기대하고 적용하는 시간을 가져 봅시다.

	지금까지의 나	하나님이 변화시키실 나
바른 신앙고백 위에 서 있는가?		
구원의 안내자 역할을 온전히 감당하고 있는가?		
교회의 주인, 주체가 예수님인가?		
교회를 방해하는 세력에 나는 어떻게 반응하는가?		

03 교회는 유람선이 아니라 구조선이다
mission

삶 나누기

1_ '소망'이라는 단어를 보면 어떤 이미지가 떠오릅니까? 생각을 자유롭게 나눠 봅시다.

2_ 현재 내 인생의 소망(원하고 바라는 것)은 무엇인가요?

생각하기

1_ 어느 날 눈을 떠보니 내게 가진 것이 아무것도 없게 되었다고 가정해 봅시다. 그런 내게 누군가 찾아와 앞으로 인생을 살면서 꼭 필요한 것 세 가지만 정하라고 한다면 무엇을 정하겠습니까? 그 이유는 무엇입니까?

2_ 많은 사람은 물질(돈)에 소망을 두고 살아갑니다. 하지만 하나님께서는 물질에 대해서 다르게 말씀하십니다. 하나님의 시각에서 물질은 어떤 것인지 성경을 통해 알아봅시다.

(전 5:10-11; 눅 12:15; 잠 18:11)

인간은 돈이 없어도 살 수 있습니다. 건강이 없어도 살 수 있고 명문대학 졸업장이 없어도 살 수 있습니다. 그러나 인간은 소망 없이는 살 수 없는 존재입니다.

프랑스의 철학자 블레즈 파스칼(B. Pascal)은 "모든 인간은 하나님 형상의 공허를 가지고 살아가는 존재"라고 말했습니다. 모든 인간은 하나님의 형상을 따라 지음 받았기에 그 속에 하나님의 생기로 만들어진 공간이 있는데, 이 공간은 오직 하나님의 영으로만 채울 수 있다는 뜻입니다. 어리석은 인간들은 이 공간을 돈이나 쾌락이나 술로 채우려 합니다. 분명한 것은 우리는 하나님의 형상을 따라 지음 받은 존재이기 때문에 하나님의 영이 그 중심에 채워지지 않는 한 결코 어떤 소망이나 행복도 존재할 수 없다는 사실입니다.

하나님이 우리에게 허락하신 단 하나의 소망은 예수 그리스도뿐입니다. 오직 예수 그리스도를 만날 때만이 우리의 삶에 진정한 의지와 소망이 존재하게 됩니다. 예수 그리스도가 배제된 세상의 그 어떤 것도 결코 인간에게 참된 소망이 될 수 없습니다.

MEMO

> **탐구하기**

하나님께서 원하시는 교회는 유람선과 같은 교회가 아니라 구조선과 같은 교회입니다. 구조선과 같은 교회는 어떤 모습이며, 어떤 일에 중심을 두어야 할까요? 초대교회의 모습을 통해 특징 네 가지를 함께 알아봅시다.

1_ 하나님 말씀의 권세가 있었다.

❶ 살면서 내가 어리거나 약자라는 이유로 누군가에게 무시 당했던 경험이 있나요? 있다면 나눠 봅시다.

❷ 어린 사람, 경험이 부족한 사람, 배운 것이 적은 사람, 사회적 지위가 낮은 사람, 돈이 없는 사람 등, 나보다 낮은 위치에 있다고 생각되는 사람이 나를 가르치려고 한다면 어떤 기분이 드나요?

❸ 사도행전 2장 14절에서 42절 말씀을 보면 베드로가 설교하는 장면이 나옵니다. 그 가운데 베드로의 설교를 듣고 있는 청중의 태도는 어떠했는지 살펴봅시다.

"그들이 사도의 가르침을 받아"(행 2:42) 초대교회에 모인 사람들은 세상적으로 그들보다 나을 것이 없는 사도의 가르침을 받았습니다. 이처럼 세상의 소망이었던 초대교회는 하나님의 말씀에 권세가 있음을 나타내 보여 주고 있습니다.

교회에서는 오직 하나님의 말씀만이 권세를 가져야 합니다. 교회에 오래 출석한 사람, 헌금을 많이 한 사람, 장로나 목사, 말의 힘이 강한 사람들이 권세를 가져서는 안 됩니다. 교회가 세상의 소망이 되기 위해서는 하나님의 말씀의 권세가 그 교회를 지배해야 합니다. 사람이 권세를 갖는 교회는 그 사람들의 교회이지, 주님의 교회는 아닌 것입니다. 주님의 교회는 주님의 말씀이 권위를 가지는 교회입니다. 주님의 말씀 앞에 내 고집과 논리를 꺾어야 합니다. 주님의 말씀 앞에 내 경험을 복종시켜야 합니다. 이처럼 초대교회는 주님의 말씀이 권세를 가지는 교회였습니다.

MEMO

2_ 구원받는 자의 수가 날마다 더해졌다.

❶ 초대교회는 구원선과 같은 교회였습니다. 성경을 통해서 초대교회의 두 가지 특징을 발견해 봅시다.

(행 2:41, 47)

❷ 사도행전 2장 41절과 47절에서 발견한 초대교회의 두 가지 특징 중 '이 날에'와 '날마다'의 차이점을 생각해 보고 하나님께서 원하시는 구원(전도) 사역은 어떤 것인지 나눠 봅시다.

❸ 한 교회의 모습입니다. 이것이 비단 교회만의 모습은 아닐 것입니다. 아래 나열된 항목 가운데 나의 삶을 지배하고 있는 것을 원 그래프에 그려 봅시다.

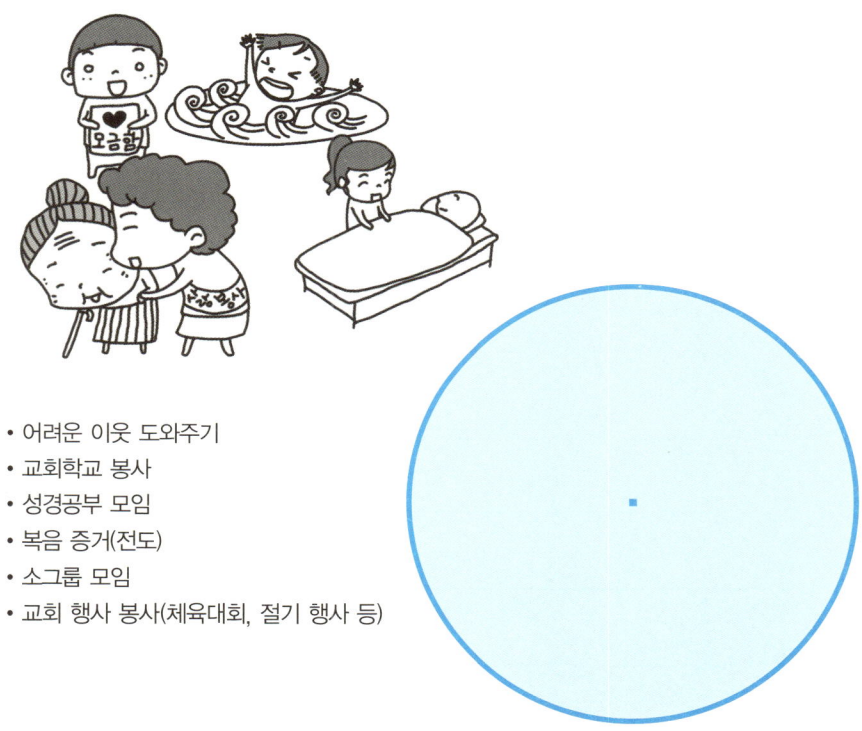

- 어려운 이웃 도와주기
- 교회학교 봉사
- 성경공부 모임
- 복음 증거(전도)
- 소그룹 모임
- 교회 행사 봉사(체육대회, 절기 행사 등)

교회는 죽어 가는 사람들과 함께할 때 비로소 세상의 소망이 됩니다. 교회의 본질은 죽어 가는 영혼을 구원함에 있습니다. 교회의 본질은 친교도 아니며 사회봉사도 아니며 문화 센터 운영도 아닙니다. 교회의 본질은 영혼 구원입니다. 궁극적으로 영혼 구원에 힘을 더하기 위해서 친교하고, 영혼 구원의 계기를 마련하기 위해서 사회에 봉사하고, 믿지 않는 이들과 접촉점을 마련하기 위해 문화 사역을 하는 것입니다. 교회가 이 본질을 잃어버릴 때 교회는 세상의 소망에서 세상의 웃음거리로 전락하게 되는 것입니다.

3_ 말씀 위에 온전한 교제가 있었다.

❶ 구원선과 같은 교회는 말씀 위에 온전한 교제가 있습니다. 사도행전 2장 42절 말씀을 함께 읽어 봅시다.

> 그들이 사도의 가르침을 받아 서로 교제하고 떡을 떼며
> 오로지 기도하기를 힘쓰니라

❷ 현재 내가 속한 교회에서 나누는 대화 내용 중 주로 등장하는 화젯거리 다섯 가지를 아래에 적어 보고 함께 나눠 봅시다.

1. _____
2. _____
3. _____
4. _____
5. _____

구원선과 같은 교회는 사도의 가르침을 받은 후 교제가 있었습니다. 이것은 하나님의 말씀 안에서의 교제가 있었음을 의미합니다. 이들의 교제는 경제적인 모든 부분을 넘어서는 전인적인 교제였습니다. 교회 내에서의 교제는 말씀 안에서의 교제여야 합니다. 세상 사람들의 교제와 같은 것이 되어서는 안 됩니다. 하나님의 말씀 앞에 통제를 받으며, 하나님 안에서 은혜 받은 사람들의 교제여야 합니다. 초대교회에는 이런 교제가 있었습니다.

4_ 온 백성에게 칭송 받는 공동체였다.

❶ 하나님을 믿지 않는 주변 사람들은 나를 어떤 사람이라고 말하나요? 과거의 기억들을 잘 떠올려서 함께 나눠 봅시다.

❷ 사도행전 2장 47절을 읽어 봅시다. 그리고 당시 세상이 교회를 어떻게 평가했는지 살펴봅시다.

❸ 세상에서 칭찬받는 교회가 된다는 것에는 한 가지 유혹과 함정이 있습니다. 바로 사회적 활동을 통해서 교회의 이미지를 좋게 하려고 하는 것입니다. 하지만 그것에 힘을 쏟는다면 교회는 이미지만 좋아질 뿐 정작 전해야 하는 구원의 소식은 바르게 전할 수 없을 것입니다.
그렇다면 교회는 어떻게 세상 가운데 칭찬받으면서 구원의 소식을 증거 할 수 있을까요?

교회는 교회다워야 합니다. 교회는 세상의 구원선이 되어야 합니다. 죽어 가는 영혼을 구하는 일에 힘써야 합니다. 그러나 오늘날 얼마나 많은 교회가 그 구원선을 고쳐 레스토랑으로, 멤버십 클럽으로, 봉사단체로 쓰고 있는지 모릅니다. 이제 우리는 땅 위에 서 있는 그 배를 다시 폭풍 속으로 몰고 나가야 합니다. 그리고 물에 빠져 죽어 가는 사람들에게 예수 그리스도를 전해야 합니다. 그렇게 할 때 교회는 세상의 소망이 될 수 있습니다.

적용하기

1_ 전도 미션 계획서 : 전도대상자 정하기

전도대상자의 이름	
전도대상자와의 관계	
전도를 위한 기도제목	
어떻게 전도할까요?	

2_ 전도 미션 수행 이후 : 경험 나누기

전도대상자에게 어떻게 전했나요?	
전도대상자는 어떤 반응을 보였나요?	
전도대상자에게 복음을 전할 때 하나님께서 어떤 마음을 주셨나요?	
전도대상자에게 복음을 전할 때 성령의 도우심을 느꼈나요?	
다음 기회에 전도대상자에게 복음을 전하려면 어떻게 하면 좋을까요?	

04
mission

희망의 씨앗은 한 몸 한 꿈으로 자란다

삶 나누기

1_ 내가 한 주간 가장 많이 했던 말 세 가지를 나눠 봅시다.

1. _____

2. _____

3. _____

2_ 오랫동안 바뀌지 않았던 습관 중 변화된 것이 있습니까? 있다면 어떤 계기를 통해서 변화될 수 있었는지 나눠 봅시다.

생각하기

1_ 교회에서 일어나는 수평이동(기존 성도가 교회를 다른 곳으로 옮기는 것)에 대해서 어떻게 생각하나요?

2_ 사도행전 7장 54절부터 8장 6절까지의 말씀을 읽어 봅시다. 그리고 이 내용 속에서 당시에 복음이 퍼지게 된 계기가 무엇이었는지 함께 알아봅시다.

탐구하기

1_ 지도자와 회중이 한 꿈을 꾼다.

❶ 아래 표에서 어떤 일에 '목회자'와 '제직자(장로, 권사, 집사 등)'가 구성되는 것이 더 아름다운 동역을 할 수 있을지 적어 봅시다.

- 비전을 발견한다.
- 비전을 계발한다.
- 비전을 제시한다.

- 각각의 은사에 따라 계획을 수립한다.
- 그 계획이 실천될 목표를 설정한다.
- 계획과 목표에 맞춰서 일을 추진한다.

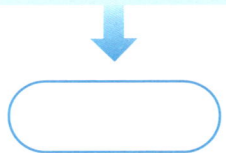   

❷ 그림을 보면 '지쳐 버린 선수'가 나옵니다. 이들이 왜 지치게 되었을까요? 우리 공동체는 어떤 팀의 모습에 더 가까울까요? 함께 나눠 봅시다.

🌼 교회 행사를 할 때, 어떤 일을 진행할 때 누가 뛰어야 할까요? 성도들이 움직여야 합니다. 지체들이 일어서야 합니다. 평신도 지도자들이 앞장서야 합니다. 성도들이 관객의 자리에 머물러 있어서는 안 됩니다. 운동화를 신고 체육복을 입고 경기장으로 들어와야 합니다. 사람들 앞에서 행사하지 말고 하나님 앞에 나와 뛰어야 합니다. 교회 밖으로 나가야 합니다. 언제까지 고정 관중만 모아 놓고 박수를 받아야만 할까요?

2_ 잃어버린 영혼을 찾아 나선다.

❶ 사도행전 11장 20절에서 21절 말씀을 함께 읽어 보고 모범적인 교회의 모습이 무엇일지 적어 봅시다.

❷ 내가 가장 전도하고 싶은 전도대상자가 있습니까? 있다면 함께 나눠 봅시다.

앉아서 찾아오는 사람을 기다리는 교회가 아니라 영혼 구원을 위해 가장 훌륭한 사역자를 내놓아 파송하는 교회가 되어야 합니다. 죽어 가는 영혼에게 하나님을 전파하기 위해 나서는 교회가 바로 성령이 이끄시는 교회입니다.

제자리에 서서 비신자들이 찾아오기를 기다리지 맙시다. 찾아온 사람을 양육시키는 차원에 머무르지 맙시다. 찾아 나서야 합니다. 실천신학적 목회에서 선교적 목회로 변혁해야 합니다. 교회 자체가 전도해야 하는 것입니다.

3_ 변화된 사람들이 이끌어 간다.

❶ 예수님을 구주로 영접한 사람이라면, 예수님을 인격적으로 만나기 이전과는 다른 크고 작은 변화가 있습니다. 그렇다면 나는 예수님을 만나기 전과 후의 삶이 어떻게 변하였는지 적어 보고 함께 나눠 봅시다.

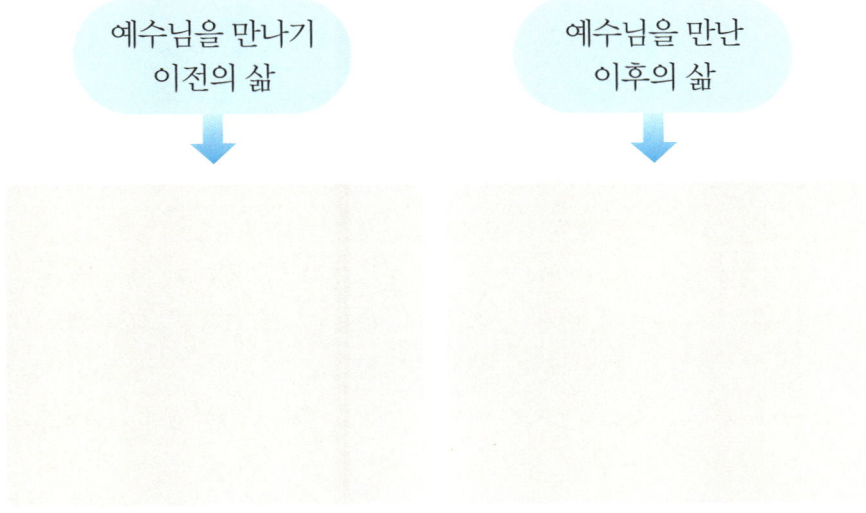

❷ 나의 삶에 영향을 끼친 멘토가 있나요? 멘토를 통해 내 삶이 어떻게 변화되었으며, 나는 그것을 멘티에게 어떻게 흘려보내고 있나요?

4. 기사와 이적이 나타난다.

❶ 아래의 글을 통해서 바른 기사와 이적의 열매가 무엇인지 알아봅시다.

과거의 한국 교회는 성령의 한 부분만 붙잡고 성령운동을 했습니다. 한동안 치병적 성령운동이 한국 교회를 휩쓸었던 적이 있었습니다. 성령이 임하면 병이 나아야 한다는 믿음에만 고정되어 병든 사람을 고치는 것만이 성령의 역사라고 하는 치병적 성령운동의 시대가 있었던 것입니다. 그런가하면 은사적 성령운동의 시대도 있었습니다. 그래서 방언을 받고 예언을 하고 투시를 하는 은사를 받아야만 그것이 성령운동이라고 생각했습니다. 그런가 하면 귀신을 쫓는 축사적 성령운동이 전개되기도 했습니다.

그러나 21세기에 하나님께서 한국 교회에 요구하시는 성령운동은 모든 것을 초월한 삶이 변화되는 인격적 성령운동입니다. 진정한 기적은 귀신을 쫓아내는 것도, 병 고침을 받는 것도, 방언하는 것도 아닌 나의 인격과 삶이 변화되는 것입니다. 즉 성령의 은사와 더불어 성령의 열매가 나의 삶에 구체적으로 나타나는 성령운동입니다.

5_ 용서와 용납의 공동체다.

① 지금까지 살아오면서 내가 용서하지 못한 사람이나, 가장 용서하기 힘들었던 사람이 있었나요? 그 사람과 화해하기 위해 어떤 노력을 했는지 함께 나눠 봅시다.

바울은 예수님을 대적하는 악행을 저지르던 사람이었습니다. 그랬던 그가 예수님을 만났다고 주장하며 회개하여 복음을 전하겠다고 했을 때 모든 그리스도인이 의심했습니다. 그의 변화를 수용하기 어려웠을 것입니다.

그러나 안디옥 교회는 그를 용서하고 수용했습니다. 뿐만 아니라 그를 선교사로 축복하여 파송했습니다. 용서가 말처럼 쉬운 것이 아님을 우리는 잘 알고 있습니다. 또한 용서는 용납의 행위가 수반되어야 진정한 것입니다. 그러므로 진정한 용서와 용납은 성령 안에서 비로소 가능합니다. 성령님께서 한두 사람이 아닌 안디옥 교회 공동체 전체에 분별과 관용의 마음을 주셔서 바울의 회개를 분별케 하셨고, 그를 향한 마음을 열게 하신 것입니다.

적용하기

1_ 한 꿈을 꾸고 교회를 위해서 뛸 동역자 세우기

교회에서 성도들과 함께하고 싶은 사역이 있습니까? 그 사역을 위해서는 어떤 동역자가 필요할까요? 구체적으로 적어 봅시다.

2_ 구원의 복음을 나의 말로 표현하기

탐구하기 3-1번에서 작성한 '예수님을 만나기 전과 후의 삶'을 바탕으로 예수님을 믿지 않는 사람에게 전하고 싶은 '나의 복음'을 아래에 적어 봅시다(자신의 삶을 토대로 구체적이고 진실하게 작성해 봅시다).

Living Church

Part 2

세상은 성도의 삶에서
희망을 본다

01 부름 받은 모든 성도가
mission　　교회 성장의 원동력이다

삶 나누기

1_ 요즘 가장 관심 있는 것은 무엇인가요?

2_ 교회에서 사역을 해본 적이 있다면 언제, 어떤 사역을, 얼마 동안 해보았나요?

생각하기

1_ 내가 신앙적으로 성장했다고 느꼈을 때는 언제인가요? 구체적인 경험을 토대로 자유롭게 나눠 봅시다.

좋은 교회는 좋은 일꾼이 있을 때 비로소 만들어집니다. 교회는 살아 계신 예수 그리스도의 몸입니다. 세상의 모든 생명체가 그러하듯 교회도 성장하는 것이 마땅합니다. 문제는 어떻게 건강하고 바르게 성장할 것인가에 달려 있습니다. 바른 성장이란 내면적 성장(질적 성장)을 통해 외형적 성장(양적 성장)의 열매를 거두는 균형적 성장을 의미합니다.

2_ 교역자와 평신도의 역할은 각각 무엇이라고 생각하나요?

교회의 균형적 성장을 위해서는 교회 내에 잠자고 있는 평신도를 깨워 그들의 자원을 동력화해야 합니다. 그동안 객체로서 수동적 상태에만 머물러 있었던 평신도를 사역의 장으로 불러내어 동역자로 세우고 훈련해 교회성장의 주된 동력으로 세우는 것입니다. 이를 위해서는 먼저 발상의 전환이 요구됩니다. 평신도에 대한 교역자의 인식, 그리고 평신도의 자기 이해가 바뀌어야 합니다.

탐구하기

1_ 평신도는 목회자의 ☐ ☐ ☐ 이다.

평신도와 목회자를 이원론적 구조로 보는 시각은 성경적, 복음적 개념이라기보다는 율법적, 제도적 개념이라고 할 수 있습니다. 이제 우리는 평신도와 목회자의 관계를 이원론적 구조로 볼 것이 아니라 성경적이고 복음적인 관계로 돌려놓아야 합니다. 로드십이 아닌 파트너십으로 하나님 나라 확장의 동역자인 평신도를 초청해야 합니다.

2_ 평신도를 파트너로 세워야 하는 당위성

❶ 아래 보기에서 알맞은 제목을 찾아 빈칸을 채워 봅시다.

> 한국 교회사적 전통, 경영학적 측면, 성경적 근거,
> 역사신학적 근거, 상황화 신학적 근거

1. _____ : 목회자가 평신도와 파트너십을 가져야 하는 가장 분명한 이유는 그것이 성경이 제시한 길이기 때문입니다. 초대교회에서 평신도는 사도들을 도와 동역했습니다. 그들은 구제와 봉사의 일을 감당하였으며(행 6:3), 말씀을 가르쳤고(행 7, 8:26-35), 심지어 세례를 베풀기도 했습니다(행 8:36-39).

2. _____ : 목회자와 평신도의 구분은 기독교 신학 초기부터 도전받아 왔습니다. 3세기 알렉산드리아의 신학자 오리게네스(Origenes)는 평신도와 목회자의 구별보다는 사려 없는 불완전한 신자와 지각 있는 완전한 신자의 구분이 더욱 중요하다고 주장했습니다. 또한 개신교 신학도 이를 지지했습니다. 종교개혁자들은 성직의 제도를 옹호하면서도 이것은 교회 내의 질서의 문제임을 분명히 하고 있습니다.

3. _____ : 인적 자원의 효율적 활용 면에서 볼 때도 평신도 자원의 활용은 매우 중요합니다. 교회는 99퍼센트의 평신도와 1퍼센트의 교역자로 구성되어 있습니다. 99퍼센트의 인적 자원을 도외시하고 1퍼센트 교역자의 역량으로만 교회성장을 도모하려는 것은 어리석은 것입니다. 아주 소규모의 교회는 혹 가능할 수 있어도 그 외에는 교회성장이 불가능합니다.

4. _____ : 성도는 성도들이 가장 잘 압니다. 사회생활을 하며 동시에 신앙생활을 해야 하는 평신도의 실존적 고민을 사회생활 없이 온전히 교회 사역만 하는 교역자는 완전히 이해하기 어렵습니다. 그러므로 이미 그런 고민을 경험한, 아니 아직도 그러한 고민 가운데 있는 평신도 중 리더십 있는 이들을 사역자로 세워 다른 평신도를 돌보고 양육케 한다면 가장 이상적인 상황화의 모델이 될 것입니다. 성경에서도 상황화된 모델을 볼 수 있는데, 초대교회를 세운 예수님의 제자들도 대부분이 평신도 사역자였습니다.

5. _____ : 1884년 미국 선교사들에 의해 한반도에 복음이 전파되기 이전에 복음을 접하고 있던 한국 교회는 그 초창기부터 평신도가 목회자와 함께 중요한 사역을 동역하였습니다. 특별히 우리 민족이 가장 힘들었던 일제강점기에 복음 증거를 위한 평신도 지도자들의 활약이 돋보였습니다.

❷ 많은 목회자가 평신도와의 파트너십을 원하지만 선뜻 시작하지 못합니다.
그 이유가 무엇이라고 생각하나요?

❸ 교회에서 사역 또는 신앙생활을 할 때 나는 어떤 유형의 사람인가요?

| 수동형 | 리더형 | 헬퍼형 | 거부형 |

❹ 다음은 평신도를 목회자의 파트너로 세웠을 때 발생할 수 있는 위험 요소입니다. 알맞은 항목끼리 연결해 봅시다.

이단적 사상의 유입 가능성 •	• 평신도 사역자들이 활동하면 조율되지 않은 서로의 원칙과 활동으로 교회의 질서가 어지러워지기 쉽다. 이것을 조정하는 과정에서 충돌이 일어나면 자칫 교회 분열로 연결될 수 있다. 특별히 성숙하지 못한 평신도 사역자를 세웠을 경우 이 위험성은 더욱 높다.
목회자의 권위상실 가능성 •	• 평신도 사역자들은 나름대로 훈련을 마친 후 사역의 장에 투입된다. 하지만 전문적 신학 훈련의 부족으로 자신도 모르는 가운데 이단 사상에 물들기 쉽다. 특히 현대 이단들은 자신이 마치 정통인양 행세하기에 더욱 더 분별하기 어렵다. 그래서 평신도 사역자로 인해 이단 사상이 여과 없이 교회 안으로 흘러들 위험이 있다.
교회 질서의 문란과 분열 가능성 •	• 평신도 사역자 중에는 탁월한 은사를 가진 이들이 있다. 이들의 탁월한 리더십으로 본인은 원치 않아도 성도들이 목회자의 말보다 이들의 말을 더욱 믿고 따를 수 있다. 이것은 쉽게 목회자의 권위 상실과 목회 의욕 저하로 이어져 목회자와 평신도 사역자 사이에 긴장과 갈등을 조장할 우려가 있다.

4_ 일꾼의 역량을 극대화하라.

❶ 위 그림은 우리 생활에 꼭 필요한 물건들입니다. 각 도구의 기능은 어떻게 다른가요? 무엇이 더 유용하다고 생각하나요?

❀ 목회자와 평신도는 이분법적 계급의 구분이 아닌 기능과 은사로 구분되어야 합니다. 사역자들은 목회자와 평신도의 구분보다는 '말씀 사역자', '상담 사역자', '심방 사역자' 등으로 구분하는 것이 좋습니다. 그리고 먼저 전문 교육을 받은 목회자가 평신도 사역자를 발굴하고 교육해 역할을 위임하는 것이 바람직한 모습입니다.

평신도 사역자는 담임 목회자로부터 위임받은 사역범위 안에서 사역해야 합니다. 비록 평신도 사역자와 목회자가 하나님 앞에서 동등한 사역자이나 담임 목회자는 목회 전권을 위임받은 사역자임을 기억해야 합니다. 담임 목회자는 하나님이 선택해 기름 부으시고 회중으로부터 투표를 통해 공개적으로 검증, 그 목회적 권한을 위임받은 사역자입니다. 이에 반해 평신도 사역자는 그 목회자에 의해 인정, 발굴되었으며 목회자를 돕고 함께 동역하기 위해 세워진 사역자입니다. 그러므로 교회의 질서라는 측면뿐 아니라 사역 위임의 성격상 담임 목회자로부터 위임된 범위 안에서만 사역하는 것이 옳습니다.

❷ 나의 직업(전공)은 무엇인가요? 직업(전공)의 특성상 필요한 능력에는 무엇이 있을까요?

❀ 평신도 사역자는 자신의 은사에 따른 사역을 해야 합니다. 평신도 사역자를 목회자가 발탁해 그 사역을 위임할 때는 그의 특정 은사를 인정했기 때문이지 그가 모든 사역에 적합하다는 뜻은 아닙니다. 그러므로 평신도 사역자는 목회자의 판단과 자신의 능력을 고려해 자신에게 가장 알맞은 은사 중심의 사역을 해야 합니다. 특별히 그의 달란트나 직업상 가진 전문성을 살릴 수 있는 사역이라면 더욱 바람직합니다.

❸ 토끼와 거북이 이야기를 아시나요? 대표로 한 명이 줄거리를 이야기해 주세요. 이 이야기의 교훈은 무엇이라고 생각하나요?

평신도 사역자는 꾸준히 훈련받아야 합니다. 평신도 사역자가 위임받은 사역에 은사와 전문성이 있어도 꾸준히 재교육 받아야 합니다. 은사의 전문성 향상뿐 아니라 과도한 사역에 의한 탈진의 위험성을 피하기 위해서도 그렇습니다. 그러므로 평신도 사역자는 사역 훈련뿐 아니라 개인의 영성 훈련도 꾸준히 받아야 합니다.

❹ 나는 지금 하나님 안에서 어떤 훈련을 받고 있나요?

적용하기

1. 각 소그룹원에게 어떤 은사가 있는 것 같은지 함께 나눠 봅시다. 서로 있는 그대로 맘껏 칭찬해 줍시다.

2. 우리는 어떠한 모양이든 하나님께 쓰임 받는 인생으로 살아야 합니다. 나를 사용해 달라고 하나님께 나의 이력서를 작성해 봅시다.

이 름		나 이	
하나님이 나를 부르실 때(애칭)		하나님께 돌아갈 날	
하나님께서 내게 주신 달란트			
내가 제일 잘하는 혹은 가장 하고 싶은 사역			
하나님과 일하면서 이건 너무 좋았어요		하나님과 일하면서 이건 너무 부족했어요	
내가 하나님께 쓰임 받아야 하는 이유			

02 mission
하나님의 마음을 헤아리는 종이 쓰임 받는다

삶 나누기

1_ 내가 존경하는 인물은 누구인가요? 그 이유는 무엇인가요?

2_ 요즘 내가 가장 소중하게 여기는 가치는 무엇인가요? 솔직하게 답해 봅시다(예: 돈, 명예, 권력, 사랑, 믿음 등).

생각하기

1_ 창세기 24장은 창세기의 50개의 장 중에서 절이

　　　　　　　　　　　　　　　　가장 ＿＿＿＿＿＿＿＿＿＿ 다.

2_ 창세기 24장의 사건을 이끌어 가는 주인공의 이름은

　　　　　　　　　　　　　　　　　　＿＿＿＿＿＿＿＿＿＿ 다.

3_ 창세기 24장의 사건을 주도하고 있는 사람의 신분은

　　　　　　　　　　　　　　　　　　＿＿＿＿＿＿＿＿＿＿ 다.

　　창세기 24장은 나이가 많아 죽음을 앞둔 아브라함이 며느리를 택하기 위해 고심하며 시작됩니다. 아브라함은 며느리를 꼭 자신의 고향에서 선택하고 싶었습니다. 하지만 나이가 많은 그는 고향까지의 장거리 여행이 불가능하자, 그 일을 늙은 종에게 위임했습니다.

　여기서 우리는 주인이 전적으로 신뢰하는 종의 모습을 보며 하나님과 그분이 신뢰하시는 종의 관계를 봅니다. 창세기 24장의 늙은 종에게서 우리는 하나님이 들어 쓰시는 사람의 모범을 봅니다. 이 종은 한마디로 아버지의 마음에 합한, 하나님이 기뻐하시는 종입니다. 그리고 하나님께서는 그 기뻐하시는 사람의 주변에 역사를 일으키시는 분입니다.

탐구하기

1_ 하나님의 종이 있는 곳에 하나님의 역사가 있다.

❶ 내가 가장 존경하는 목회자는 누구인가요? 그 이유는 무엇인가요?

그리스도인은 하나님 앞에서 귀한 존재입니다. 신학자 칼 바르트(K. Barth)는 그리스도인이 십자가를 볼 때마다 두 가지를 기억해야 한다고 말했습니다. 첫째는 저 십자가에 매달려야 할 사람은 예수님이 아니라 바로 나 자신이라는 사실이며, 둘째는 나는 하나님의 아들이 대신 죽어서 살릴 만큼 고귀한 존재라는 사실입니다.

하나님의 종이 있는 곳에 하나님의 역사가 있고, 그 종은 바로 우리 자신이어야 합니다. 한국 교회가 세계에서 유례를 찾아보기 어려운 큰 부흥을 한 이유는 과거 한국 초대교회에 훌륭한 하나님의 종들이 있었기 때문입니다. 이런 신앙과 깨달음을 가진 하나님의 종이 있는 곳에 하나님의 역사가 함께합니다. 이런 훌륭한 종들이 우리 한국 교회에 더욱 더 불같이 일어나기를 기도하는 마음으로 하나님께서 진정 신뢰하시는 종의 모습을 살펴봅시다.

2_ 하나님의 종은 사명 최우선 자세로 나타난다.

❶ 신학자 폴 틸리히(P. Tillich)는 하나님이 들어 쓰시는 사람에게는 3H가 있다고 했습니다. 3H란 무엇일까요? 자유롭게 나눠 봅시다.

🌸 하나님께서는 지혜가 있고, 열정이 있는 실천의 사람을 들어 쓰십니다. 이것이 3H(Head, Heart, Hands)입니다. 창세기 24장에 등장하는 늙은 종이 이 세 가지를 겸비했습니다.

특히 이 늙은 종에게서 종으로서 꼭 가져야 하는 필수적 두 요소를 보게 되는데 첫째는 충성심이요, 둘째는 지혜로움입니다. 하나님이 들어 쓰시는 종은 이 두 가지를 반드시 갖추어야 합니다. 충성심은 있는데 지혜가 부족한 사람은 일하면서 자주 주변 사람들과 부딪쳐 결국은 일을 그르칩니다. 반대로 지혜는 있는데 충성심이 부족한 사람은 일을 시작해 놓고 끝을 맺지 못합니다. 충성심이 부족해서 인내하지 못하기 때문입니다. 그러므로 하나님의 종은 충성스럽고 지혜로워야 합니다.

❷ 내가 생각하는 충성된 종은 어떤 모습인가요? 자유롭게 나눠 봅시다.

❸ 창세기 24장에서 늙은 종이 보여 주는 충성을 주의 깊게 살펴보고 알맞은 항목을 적어 봅시다.

1. 충성이란 주인의 명령에 대한 정확한 이해 위에서 행해야 함을 보여 준다.

2. 충성이란 끝까지 온 힘을 다하는 것임을 보여 준다.

3. 그의 충성심은 사명 최우선의 자세로 나타난다.

4. 그는 충성이란 불평치 않는 것임을 보여 준다.

A. 아브라함이 거주하고 있던 가나안과 그의 고향 메소보다미아는 300~400킬로미터 정도 떨어져 있었다. 노인의 걸음으로 한 달은 족히 걸리는 거리다. 험난한 광야길이며, 도적의 위험까지 곳곳에 도사리고 있는 여정이었다. 나이가 들면 주인만 힘든 것이 아니라 종도 힘든 법이다. 더욱이 이런 명령은 수행하기 매우 어려운 명령임을 그는 잘 알았다. 어떤 여인이 신랑 될 사람의 얼굴도 보지 않고, 주인도 아닌 늙은 종의 말만 듣고 수백 킬로미터나 떨어진 곳으로 시집오며, 그렇게 데리고 온 여인을 이삭이 좋아한다는 보장도 없었다. 칭찬보다는 욕먹기 십상인 일이다. 그러나 성경 어디에도 그가 불평했다는 기록이 없다.

B. 하나님의 종인 우리가 주인이신 하나님의 뜻을 정확히 알기 위해서는 먼저 하나님의 말씀인 성경을 많이 읽어야 한다. 주인의 뜻을 정확히 알지 못한 상태에서의 충성은 자칫 주인의 유익에 반할 수 있다. 성경을 잘 모르는 상태에서 하는 봉사는 위험하다.

c. 약 한 달간의 여행 후 메소보다미아에 도착한 종은 하나님의 은혜 가운데 마음에 드는 한 여인을 만났다. 그녀가 바로 리브가였다. 하나님이 예비하신 여인임을 확신한 종은 그 여인의 집으로 가서 여인의 아버지 브두엘과 오빠 라반에게 정식으로 청혼했다. 범상치 않은 손님을 맞이한 여인 리브가와 브두엘, 라반은 먼저 저녁식사를 권했다. 그러나 그는 음식을 거절한 채 먼저 자신이 온 목적을 진술하려 했다.

d. 종은 청혼이 받아들여지자 식사 후 편한 마음으로 침소에 들었다. 하지만 바로 다음 날 여인을 데리고 돌아가려 했다. 어제저녁에 결혼을 결정했는데, 다음 날 아침에 신부를 데리고 가겠다니 신부 가족 측에서 보면 기가 막힐 노릇이다. 사실 이 늙은 종으로서도 이것은 무리다. 하지만 이 늙은 종은 나를 믿고 기다리는, 언제 돌아가실지 모를 주인 아브라함이 떠올랐을 것이다. 그는 힘든 여정을 강행했다. 그는 주인의 명령을 완수하는 마지막까지 온 힘을 다하는 충성스러운 모습을 우리에게 보여 준다.

MEMO

3. 하나님의 종은 철저히 준비한다.

❶ 다음 글을 읽고 생각해 봅시다.

늙은 종의 지혜는 철저한 준비성에서 나타납니다. 사실 지혜로운 사람은 철저히 준비하는 사람입니다. 그는 주인의 명을 듣고 먼저 낙타 열 필을 준비했습니다. "이에 종이 그 주인의 낙타 중 열 필을 끌고 떠났는데 곧 그의 주인의 모든 좋은 것을 가지고 떠나"(창 24:10) 먼 길을 떠나는 사람의 짐은 작은 것이 상식인데 그는 낙타 열 필에 실을 만큼 많은 짐을 준비하여 떠났습니다.

늙은 종의 지혜로움은 때와 장소를 가릴 줄 아는 분별력입니다. 옳은 말도 때와 장소를 가리지 못하면 그릇된 말이 됩니다. 옳은 행동도 마찬가지입니다. 지혜로운 자는 때와 장소를 고려해 말하고 행동하지만 어리석은 자는 이것을 분별하지 못하여 빈축을 사게 됩니다.

늙은 종의 지혜로움은 사람을 보는 혜안에서 나타났습니다. 그는 주인의 며느리를 구함에 단 하나의 조건만을 정했습니다. 그것은 여인의 심성, 즉 약자를 위해 배려하는 마음이 어느 정도인가에 대한 테스트였습니다. 곧 아브라함이 죽고 이삭이 족장이 된다면 그의 젊은 아내가 족속의 큰살림을 해야 할 텐데, 외모나 학벌 또는 가문보다 약자를 배려할 줄 아는 심성의 소유자여야 부족이 하나 되고 번성하리라고 생각한 것입니다.

늙은 종은 한평생 종으로 산 사람입니다. 누구보다도 약자의 아픔과 설움을 잘 알았습니다. 그러기에 그는 그런 선택 조건을 정한 것입니다. 하나님께서는 그리스도인들이 연약한 자의 멍에를 함께 매어 주기를 원하십니다. 그리스도의 종은 자신의 행복만을 추구하는 사람이 아닙니다. 나보다 못한 사람이 있음을 기억해야 합니다.

늙은 종의 지혜는 그의 말을 통해 나타납니다. 지혜로운 사람은 말이 지혜로운 사람입니다. 설득은 논리가 아니라 확신에서 옵니다. 전도할 때에 비신자 앞에서 하나님의 존재를 증명하기는 매우 어렵습니다. 인간의 논리로 증명하려해서는 안 됩니다. 논리로 전도한 사람은 없습니다. 단지 우리의 확신, 우리의 확고한 의지가 상대의 마음을 움직입니다.

늙은 종의 말 또한 논리적 허점이 많았지만 리브가와 그녀의 가족은 그의 확신에 찬 태도를 보고 하나님의 종이 아니고는 불가능한 일이라 판단했던 것입니다. 하나님이 계신 것에 대한 확신과 열정을 품어야 합니다. 우리의 말에 논리, 유머, 화술도 필요하지만 무엇보다도 확신에 찬 태도로 말할 때 다른 이들을 설득할 수 있습니다. 그러므로 말이 지혜로운 사람은 말에 확신이 있는 사람입니다.

위 내용 중에 내가 가지고 있는 지혜의 모습이 있다면 무엇인가요? 또 가장 닮고 싶은 모습은 무엇인가요? 이외에도 지혜롭기 위해 필요한 점이 있다면 무엇이 있는지 자유롭게 나눠 봅시다.

4_ 종의 지혜는 기도, 감사, 의탁에서 나온다.

❶ 늙은 종의 충성과 지혜로움의 비결은 무엇일까요?

늙은 종은 기도하는 사람이었습니다. 창세기 24장에서도 그는 주인의 명령을 수행하며 항상 기도했습니다. "이에 그 사람이 머리를 숙여 여호와께 경배하고"(창 24:26) 이 외에도 창세기 24장에는 그가 기도하는 모습이 여러 번 등장합니다. 그의 충성과 지혜는 이처럼 먼저 기도하는 삶으로부터 온 것입니다.

늙은 종은 항상 감사했습니다. "이르되 나의 주인 아브라함의 하나님 여호와를 찬송하나이다 나의 주인에게 주의 사랑과 성실을 그치지 아니하셨사오며 여호와께서 길에서 나를 인도하사 내 주인의 동생 집에 이르게 하셨나이다 하니라"(창 24:27) 그는 힘든 주인의 사명을 감당하면서 항상 감사하는 모습을 보여 주고 있습니다.

늙은 종의 삶의 자세는 결과를 하나님 손에 맡기는 모습입니다. "마음의 경영은 사람에게 있어도 말의 응답은 여호와께로부터 나오느니라"(잠 16:1)라고 그는 믿었습니다. 철저하게 하나님께 의탁했습니다. 중요한 것은 묵묵히 하나님이 하시는 일을 바라보고, 모든 것을 그분께 맡기는 자세입니다.

❷ 기도, 감사, 의탁 중 가장 중요하다고 생각하는 순서대로 나열해 보고 왜 그렇게 생각하는지 나눠 봅시다.

❸ 다음 글을 읽고 하나님의 종이 지녀야 할 모습에 대해 생각해 봅시다.

내게는 잊지 못할 부흥회가 있습니다. 몇 년 전 경기도 마석의 한 교회에서 부흥회를 요청했는데 영어로 인도해 달라는 것이었습니다. 영어에 자신은 없었지만 용기를 내어 부흥회를 인도했습니다. 마석 가구단지 중심에 있는 그 교회는 그곳에 일하러 온 아프리카 근로자들을 향한 선교적 열정이 뜨거웠습니다. 약 백여 명의 영어권 국가에서 온 외국인 근로자는 집회기간 내내 열심히 찬양하고 말씀 듣고 기도했습니다. 집회를 이끌면서 이 작은 교회가 가진 선교적 열정에 감탄하며 의아스러웠는데 마지막 집회를 마치고 장로들과 악수하며 그 의문이 풀렸습니다. 그 교회에는 열 손가락이 제대로 있는 장로가 한 사람도 없었습니다. 어떤 사람은 눈썹이 없기도 하고 어떤 사람은 코가 문드러져 형체가 없었습니다. 그들은 나병 환자들이었습니다.

소록도에 수용되어 있던 이들이 더는 전염 위험이 없어지자 정부로부터 땅을 불하받아 사십여 년 전 마석에 정착했습니다. 주로 양계를 하며 생활하던 이들은 주변의 싸늘한 시선 때문에 많은 고통을 받았습니다. 이웃 마을에 아이가 없어지면 동네 사람들이 몽둥이를 들고 이들의 마을에 난입하여 다짜고짜 부수며 누가 우리 아이를 납치했느냐고 다그치곤 했다는 것입니다.

지금도 이들은 고통 중에 있습니다. 모두 한 식구 같은 마을 사람들이기에 어느 집에 결혼식이 있으면 관광버스를 전세 내서 다 참석하는데, 정작 예식장에 도착해서는 차마 내리지 못하고 버스 안에서 머무른다고 합니다. 그들의 흉한 모습 때문에 혹시라도 혼인 치르는 젊은이들에게 누가 될까 봐 예식장 앞에 버스를 세우고, 버스 안에서 눈물과 함께 음식을 먹고 돌아온다는 것입니다.

이런 설움과 차별을 받던 이들이 사회의 인식이 바뀌면서 안정된 삶을 살게 되었습니다. 마석이 가구단지로 개발되어 이들은 창고 임대업을 하며 넉넉한 삶을 살 수 있게 되었습니다. 그런데 그들의 눈에 과거의 자신들과 같이 차별받는 이들이 보이더라는 것입니다. 아프리카에서 온 근로자들이었습니다. 불법 체류자라고, 피부색이 검다고, 한국말을 못한다고 매 맞고 임금을 착취당하고 성폭행당하는 이들을 보며 그들은 사십여 년 전 자신들의 모습을 보았던 것입니다.

그후 아프리카 근로자를 돕기로 뜻을 모으고 교회를 통해 아프리카 근로자들의 아픔을 어루만지게 되었다고 합니다. 장로들의 이야기를 들으며 누가 진정 장애인일까 생각해 보았습니다. 호의호식하며 약하고 소외된 자들에 대해 일말의 동정심도 없는 멀쩡한 사람들과 아프리카 노동자들의 눈물을 닦아 주는 나병 환자 중 누가 진정한 장애인일까요? 창세기 24장에 나오는 늙은 종과 같이 하나님의 종은 마땅히 연약한 이들을 분별하고 배려하는 마음을 가진 사람이어야 할 것입니다.

적용하기

1_ 하나님께서 들어 쓰시는 종의 모습 중 지금 나에게 가장 필요한 것은 무엇인지 나눠 봅시다.

2_ 우리는 기도 공동체

① 소그룹원이 함께 충성과 지혜에 대한 기도제목을 요일별로 정합니다.

② 함께 기도할 시간을 정합니다.

③ 요일별로 기도제목과 공동 기도 시간을 알려 주는 알리미를 정하고 한 주간 함께 기도합니다.

● 공동 기도 시간 : _____

● 알리미 이름 :

월	화	수	목	금	토

03 소명으로 가는 길이 소망의 길이다
mission

삶 나누기

1_ '이것만은 하루 종일 해도 지겹지 않다' 하는 것이 있다면 자유롭게 나눠 봅시다.

2_ 내 마음이나 행동을 움직이게 하는 말은 무엇인가요?

생각하기

1_ 나의 비전(꿈)은 무엇이며 왜 그 비전을 갖게 되었는지 이야기해 봅시다. 비전이 없다면 어떤 비전을 갖고 싶은지, 왜 비전을 가져야 한다고 생각하는지 자유롭게 이야기해 봅시다.

철학자 프리드리히 니체(F. W. Nietzsche)는 우리 인간이 두 가지 방식으로 인생을 살아갈 수 있다고 했습니다. 첫째는 자기 스스로 인생의 목적을 찾고 살아가는 인생이요, 둘째는 인생의 목적을 찾지 못해 다른 사람이 발견해 낸 목적을 종속적으로 수용하며 살아가는 인생입니다. 그의 언어를 빌려 말하면 이 두 가지 삶의 길은 창조적, 주도적인 인생을 살아가느냐, 아니면 종속적 인생을 살아가느냐를 결정합니다. 인생의 목적이 무엇인가? 이 질문에 대답하기 위해서는 인생이 무엇인가에 대해 먼저 생각해 보아야 합니다. 해답을 찾기 위해 수많은 철학자와 종교인이 인생을 연구해 다양한 사상과 학설을 발표했습니다. 우리는 '인생관'이 넘쳐나는 시대에 살고 있습니다.

탐구하기

1_ 성도는 섭리적 인생관을 가지는 자다.

❶ 아래에 주어진 단어를 보고 빈칸에 알맞은 말을 써넣으세요.

> 인과론적, 섭리적

1. 자신의 삶의 시작을 모르고 인생을 살아가는 사람은 삶의 자리에서 벌어지는 많은 일에 대해서 _____ 사고를 합니다. "내가 이렇게 행동했으므로 지금의 결과가 발생했고, 이 결과에 따라 어떠한 일이 파생되리라." 이러한 사고는 불교의 인생 이해의 가장 대표적입니다. 이에 비해 인생의 시작이 하나님께로부터 되었음을 알고 살아가는 그리스도인은 궁극적으로 _____ 사고를 합니다. 물론 부분적으로 _____ 사고도 하지만 인생의 큰 틀에 대해서 하나님의 뜻과 섭리를 믿는 것입니다.

2. 그러므로 오늘 나의 삶의 고통에 대해서도 하나님의 섭리 가운데 있는 의미를 추구합니다. _____ 인생 이해를 하는 이들은 자신의 행위에 초점을 맞추며 살아가는 데 비해, _____ 인생 이해를 하는 이들은 하나님의 은혜 가운데 사는 삶에 초점을 맞추며 살아갑니다. 그래서 _____ 사고를 하는 사람들은 과거와 인과의 굴레 속에서 고통 가운데 살아가고, _____ 사고를 하는 사람들은 은혜 속에서 풍성한 삶을 누리며 살아갑니다.

> 인과론적 사고를 하는 사람은 인과론적으로 이해되는 것만 믿습니다. 눈에 보이는 대로 믿습니다. 이에 비해 섭리적 사고를 하는 사람은 믿는 대로 봅니다. 눈에 보이지 않고 인간의 이성으로 이해되지 않아도 섭리 가운데, 믿음 가운데 처한 환경을 바라봅니다. 그러므로 섭리적 인생관을 가진 사람은 인생의 시각을 크고 넓게 가지며 살아갑니다. 이런 섭리적 사고를 하는 사람을 소명 받은 사람이라고 부릅니다.

2_ 부르심에는 이유가 있다.

❶ 소명이란 무엇이라고 생각하나요? 또한 소명은 어떻게 알게 된다고 생각하나요? 자유롭게 나눠 봅시다.

❷ 오스 기니스(Os Guines) 박사는 그의 책 『소명(The Call)』에서 성경에 나타난 소명 사건의 공통점을 네 가지로 정리했습니다. 알맞은 항목을 연결해 봅시다.

□ 하나님께서는 우리의 대답이 "예"로 끝나기를 바라신다. 이사야에게 하나님의 음성이 임했다. 타락한 이스라엘을 깨우치기 위해 선지자를 세우시려 할 때 이사야는 "내가 여기 있나이다 나를 보내소서"(사 6:8)라고 응답했다. 소명자는 이사야와 같은 즉각적인 반응이 있어야 한다. 대부분의 그리스도인은 소명이 있어도 죄 때문에 망설인다. '나 같이 더러운 죄인이 하나님의 부름에 과연 응답해도 될까?' 고민하여 하나님 앞에 나서기를 주저한다. 그러나 성경은 그 해답을 우리에게 보여 준다. 하나님의 스랍 하나가 이사야에게 임하여서 단에서 취한 핀 숯을 그의 입술에 댔다. 그리고 "네 악이 제하여졌고 네 죄가 사하여졌느니라"(사 6:7)고 선언했다. 하나님께서는 먼저 정결케 하신 후에 우리를 들어 쓰신다.

□ 하나님께서는 우리를 부르실 때 부르심의 큰 뜻과 의미가 있음을 알아야 한다. 하나님께서 우리를 예배로 부르시는 이유는 들려주시고자 하는 그분의 말씀이 있기 때문이다. 예배에 참여하는 이유는 기도 중에, 찬양 중에, 말씀 중에 내게 주시는 하나님의 음성을 듣기 위함이다. 그것을 듣고 돌아가야 한다. 다양한 형태로 내게 주시는 하나님의 뜻을 발견하는 것이 성경에 나타난 하나님의 부르심의 특징이다.

□ 삭개오는 예수님이 마을에 오신다는 소식을 듣고 뽕나무 위로 올라가 예수님의 행렬을 지켜보았다. 예수님께서 길을 가시다가 삭개오를 알아 보시고 말씀하셨다. "삭개오야 속히 내려오라 내가 오늘 네 집에 유하여야 하겠다"(눅 19:5) 삭개오는 예수님을 모시고 들어가 자신의 죄를 고백하며 다시는 지금처럼 살지 않겠다고 다짐했다. 그러자 주님이 말씀하셨다. "오늘 구원이 이 집에 이르렀으니"(눅 19:9) 삭개오의 구원은 이 순간에 임한 것이기보다는

예수님께서 뽕나무에 있는 삭개오를 부르시는 순간에 이미 임했다. 그렇다! 우리 주님은 부르시고 찾아오시는 분이다. 주님은 내가 주님을 알기 전부터 나를 아시고, 내가 아직 죄 가운데 있을 때 나를 찾아오신 분이다. 이것이 기독교가 타종교와 다른 또 하나의 분명한 차이다.

하나님의 부르심에는 그가 왜 살아야 하는지에 대한 존재 의미가 담겨 있다. 하나님께서 사랑하는 정혼자 요셉을 만난 마리아를 부르셨을 때 마리아는 자신에게 왜 사랑하는 사람이 생겼고, 왜 요셉과 가정을 꾸려야 하는지 비로소 알게 되었다. 그때 자신의 존재 의미를 깨달은 것이다. 모세는 떨기나무 불꽃 가운데서 하나님의 소명을 받고 자신이 왜 왕궁에서 왕자 교육을 받으며 많은 학식과 경험을 쌓아야 했는지를 깨달았다. 이스라엘의 해방자로, 인도자로 세움을 받기 위해서이다. 이처럼 하나님께서는 어떤 사람을 부르셔서 소명을 주실 때 그 소명을 받는 이의 존재 의미를 제시하신다.

A. 하나님의 부르심에는 그 부르심의 메시지가 있다.
B. 하나님의 부르심에는 존재의 의미를 내포하고 있다.
C. 하나님의 부르심은 구원과 거의 동의어로 사용되고 있다.
D. 하나님의 부르심의 특징은 "예" 혹은 "아니오"의 대답으로 결론지어진다.

3_ '마이 콜링'을 향하는 성도

① '더 콜링(The calling)'과 '마이 콜링(My calling)'이라는 것이 있습니다. 둘의 차이는 무엇일까요? 자유롭게 나눠 봅시다.

● 더 콜링(The calling) : 1차 소명으로 구원 안에서 나를 새롭게 발견하는 것입니다. 내가 하나님의 자녀고 예수님의 피로 구원을 받았으며 하나님께 속한 사람이라는 자기 정체성의 발견을 말합니다. '구원으로의 부르심'입니다.

● 마이 콜링(My calling) : 2차 소명으로 구원의 감격을 가지고 내가 무슨 일을 하며 하나님의 어떠한 뜻을 이루고 살아가야 할 것인가의 고백입니다. 세상 사람들에게 직업이란 삶의 방편입니다. 그러나 그리스도인에게 직업이란 삶의 방편 이전에 하나님의 뜻을 실천하는 실천의 장입니다.

오늘날 얼마나 많은 그리스도인들이 1차 소명, 구원받은 감격만 머물러 교회 밖에서는 주님과 전혀 상관없는 삶을 살아가고 있는지 모릅니다. 이것은 잘못된 것입니다. 주일에는 우리의 1차 소명을 확인하고, 월요일부터 토요일까지는 2차 소명인 마이 콜링의 힘으로 모범이 되는 삶을 실천하는 것. 이것이 바른 그리스도인의 삶의 자세입니다.

❷ 내가 받은 더 콜링과 마이 콜링은 무엇인가요? 있다면 함께 나눠 보고, 없다면 깨닫기 위해 함께 기도해 봅시다.

4_ 소명의 길이 생명의 길이다.

❶ 아래 보기를 알맞은 곳에 넣어 봅시다.

- 죽음의 길
- 생명의 길
- 죄가 지닌 중독성에서 헤어나지 못함
- 에로스적인 사랑
- 아가페적인 사랑
- 욕망 가운데 만족을 추구
- 소유를 통한 사랑
- 진리 안에서 만족을 추구
- 내 것을 나눔으로써 기쁨을 얻는 것

소명을 가지고 살아가는 삶	소명 없이 살아가는 삶

❷ 나는 혼자 있는 것을 좋아하나요, 다른 사람들과 함께 어울리는 것을 좋아하나요?

❸ 나에게 교회 공동체는 어떤 의미인가요? 솔직하게 나눠 봅시다.

❹ 예수님께서는 공생애 기간 중 열두 명의 제자를 불러 동역자로 세우셨습니다. 혼자서도 무슨 일이든 하실 수 있는 예수님께서 동역자를 세우신 이유는 무엇일까요?

🌸 예수님께서는 당신이 원하는 사람을 당신의 동역자로 부르셨습니다. 예수님께서 능력이 부족하여 동역자를 부르셨을까요? 예수님은 말씀 한마디로 오천 명을 먹이시고도 열두 바구니를 남기신 하나님의 아들이십니다. 그분에게는 도움이 필요 없습니다. 그러나 제자들을 부르신 것은 동역의 본을 보여 주시기 위함입니다. 혼자서도 충분히 하실 수 있음에도 예수님께서는 열두 명의 동역자를 친히 부르셨습니다. 파트너십의 원형을 보여 주신 것입니다.

주님의 부름을 받은 우리는 주님이 우리를 먼저 원하셨음을 기억해야 합니다. 내가 그분을 알기 전에 그분이 먼저 나를 사랑하셨음을 기억해야 합니다. 사역자는 자신이 서는 것이 아니라 주님이 세우십니다. 우리의 책임은 부름 받고 나오는 것까지이요, 세우시는 이는 오직 주님이십니다.

❺ 다음 글을 읽고 주님이 나를 부르신 이유에 대해 생각해 봅시다.

주님이 우리를 부르신 이유는 예수님과 함께 있게 하기 위해서입니다. 충성은 예수님과 함께하는 것입니다. 교회는 그리스도의 몸이므로 예수님과 함께한다는 말은 교회와 기쁨과 슬픔을 함께한다는 것을 의미합니다.

그리스도인이라면 누구나 복음을 전해야 합니다. 마지못해 전도하는 사람은 온전한 그리스도인이 아닙니다. 자연스럽게 전도할 수 있어야 합니다. 전도는 하나님의 사랑 이야기, 예수님이 당신을 위하여 돌아가심으로 인해 당신이 살았음을 전하는 것입니다. 나 같은 죄인을 살리기 위해서 주님이 돌아가셨다는 그 십자가의 감격을 전하는 것이 전도입니다.

주님이 우리를 부르신 이유는 "귀신을 내쫓는 권능도 가지게 하려 하심" (막 3:15)입니다. 영적인 권세도 우리에게 주셨다는 것입니다. 성경은 악령에 대해 여러 곳에서 말씀하며, 예수님께서는 귀신을 내어 쫓는 권세를 주셨다고 분명히 말씀하셨습니다. 내 속에 있는 것이 아니고 예수님께로부터 이 권세가 온 것입니다. 그러므로 우리는 악의 영에 대하여 담대해야 합니다.

적용하기

1 지금 하나님께서 부르시는 곳이 어디라고 생각하나요? 내가 그곳에서 무엇을 하길 원하실까요? 자유롭게 나눠 봅시다.

2 이번 한 주를 살아갈 때, 가슴에 품을 '한 주간의 표어'를 만들고 나눠 봅시다.

〈이번 주 내 인생의 표어〉

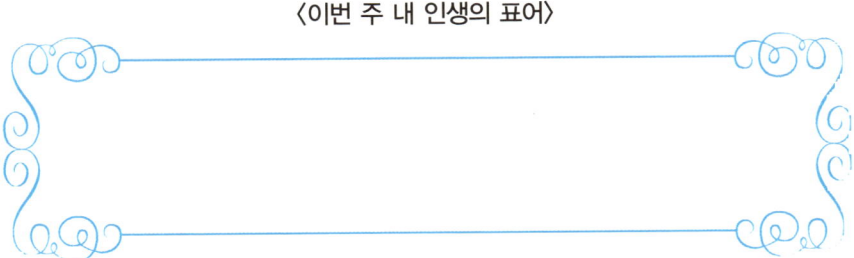

Part 2_ 세상은 성도의 삶에서 희망을 본다

Living Church

Part 3

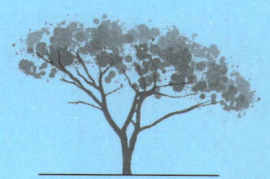

하나님 앞에서
세상과 함께 춤춰라

01 하나님은 열정의 사람을 주목하신다
Coramdeo

삶 나누기

1_ 지난 한 주간을 돌아보며 나의 시간 사용표를 작성해서 함께 나눠 봅시다.

월	화	수	목	금	토

2_ 한 주 동안 내가 가장 많은 시간을 보내며 집중했던 일은 무엇인가요?

생각하기

1_ 다음 글이 설명하는 인물이 누구인지 맞혀봅시다.

(창 25:24-28)

나는 인생이 시작되기도 전에 쌍둥이 형과 태중에서부터 장자의 자리를 두고 다퉜으나 결국 두 번째 아들이라는 불리한 자리에 머물게 되었습니다. 형은 외향적 성격으로 친구도 많았고 활발한 인간관계를 유지하고 있는 호탕한 사람이었습니다. 가는 곳마다 인기를 끄는 사람이었고, 사나이다운 호방함을 가지고 살아가는 사람이었을 뿐만 아니라 항상 장자라는 이름으로 대우를 받는 사람이었습니다.

이에 비해 나는 형의 발꿈치를 잡고 나올 만큼 장자가 되지 못한 한을 가진 사람이었고, 형만큼 육체적 힘도 없었으며, 어느 곳에 가도 알아주는 사람이 없는 태어날 때부터 열등감을 가진 존재였습니다. 때문에 집에 있으면서 어머니를 도우며 어머니의 사랑을 받는 것이 나의 유일한 기쁨이었습니다. 늙고 병든 아버지를 속여 장자의 축복을 가로채서라도 나는 살아남기 위해, 형에게 지지 않기 위해, 둘째 아들의 존재를 부각시키기 위해 이득을 챙겨야만 했습니다.

2_ 태중에서부터 에서와 야곱은 '이것'을 두고 싸웠습니다. 에서가 야곱에게 팥죽 한 그릇으로 팔았던 '이것'은 무엇일까요? 또한 에서가 '이것'을 이렇게 쉽게 팔았던 이유는 무엇일까요?

유대인의 문화에서 장자의 권한은 둘째 아들의 권한과 비교도 되지 않을 정도로 크기 때문에 누가 장자로 나오느냐는 매우 중요한 문제였습니다. 어느 날 사냥에서 아무것도 얻지 못하고 몇 끼를 굶은 채 배고파 돌아온 에서는 별 생각 없이 동생이 요구한 장자의 권리를 주고 팥죽을 받아먹었습니다. 에서가 장자의 권리를 쉽게 내준 것은 이것이 법적 구속력이 없기 때문이었습니다.

3. 젊은 날 외삼촌 라반의 집으로 도망가 수단과 방법을 가리지 않고 재산을 모은 야곱은 막대한 재물을 가지고 고향으로 돌아왔습니다. 그러나 형 에서가 이십여 년 전의 한을 잊지 않고 사백 명의 군사를 거느리고 강 건너편에서 대기하고 있다는 소식을 들었습니다. 앞에는 넘실거리는 강물과 살기등등한 형과 사백 명의 군사가 있고, 뒤에는 외삼촌 라반의 미움이 쫓아와 있었습니다. 강을 건너기만 하면 분노에 찬 형의 손에 죽임을 당하게 생긴 그 순간 야곱은 어떻게 행하였나요? 또한 나라면 이 진퇴양난의 순간에 어떻게 했을지 나눠 봅시다.

(창 32:13-23)

🌱 야곱은 다시 한 번 약삭빠르게 머리를 썼습니다. 자기 재물 중에서 상당한 부분을 떼어서 보내고 네 명의 아내와 열한 명의 아들을 보내 형의 마음을 풀어 보려 했습니다.

탐구하기

1_ 하나님은 열정을 보신다.

❶ 야곱은 아버지를 속이고 장자의 축복을 가로채면서 당시의 절대 법인 하나님의 말씀을 어겼을 뿐만 아니라 아버지의 질문에 하나님의 이름을 팔아가며 천연덕스럽게 대답하고 있습니다(창 27:20). 하지만 하나님께서는 그 자리에서 당장 죽음의 심판을 내려도 부족하지 않을 야곱에게 고스란히 축복을 받게 하셨고, 장자의 명분을 이어가게 하셨으며, '이스라엘'이라는 새 이름까지 주셨습니다.
하나님께서 장남 에서를 선택하지 않으시고 거짓말쟁이 야곱을 선택하신 기준은 무엇이라고 생각하나요? 자유롭게 나눠 봅시다.

인간은 인간의 기준으로 선택하지만 하나님은 하나님의 기준으로 선택하십니다. 하나님께서 더 크게 보시는 것은 남자다운 호방함이 아닌 삶의 적극성입니다.

❷ 하나님의 선택 기준을 예수님의 사역 가운데서도 찾아볼 수 있습니다. 예수님이 선택한 사람들은 어떤 사람들이었는지 아래 내용에서 해당하는 부분을 체크해주세요.

예수님의 제자들	☐ 명문대학 출신 ☐ 주어야 할 것 받아야 할 것을 아는 명확한 사람 ☐ 좋은 가문의 사람 ☐ 일관성이 있고 논리가 분명하며 이해타산적인 사람 ☐ 삶의 목마름이 있는 사람 ☐ 스스로의 삶에 대해 지독할 정도로 집착하는 사람 ☐ 출중한 외모 ☐ 왜곡되고 비틀어지고 교활하고 거짓말을 하고 음란한 사람 ☐ 삶의 권리를 소중하게 여기고 잘 살아 보려고 몸부림치는 사람
베드로	☐ 열정을 빼면 아무것도 내세울 것이 없는 사람 ☐ 어부로서의 삶을 유유자적하며 누리는 사람 ☐ 배신하고 후회하며 통곡하는 인간적인 사람
삭개오	☐ 삶의 목마름이 있는 사람 ☐ 현재의 삶에 만족하고 즐기는 사람
막달라 마리아	☐ 웃음을 팔고 몸을 파는 창녀 ☐ 현재의 삶을 불평과 섭섭함으로 채우는 것 외에는 아무것도 하지 않고 시간을 보내는 사람 ☐ 삶을 꾸려가려고 하는 간절함과 애통함을 가진 사람

🌸 마태복음 25장의 달란트 비유를 살펴보면 주인은 아무것도 남기지 않은 한 달란트를 받은 종에게 '악하고 게으른 종'(마 25:26)이라고 책망했습니다. 단순히 '게으르다'고만 하지 않고 '악하다'고까지 말한 것은 그 종의 마음 속에 있는 교만을 보았기 때문이었습니다. '내가 다섯 달란트나 두 달란트 받은 사람보다 무엇이 부족하기에 주인이 내게 겨우 한 달란트만 맡겼을까' 라는 불평과 섭섭함이 그에게 있었던 것이었습니다. 하나님께서는 유유자적한 사람보다는 작은 것이라도 소중히 여기고 온 힘을 다하는 열정의 사람을 들어서 당신의 일을 이루어 나간다는 사실을 보여 주는 비유입니다.

2 하나님은 정결케 하신 후 쓰신다.

① 야곱은 수많은 죄를 지었지만 그 죄악 가운데 가장 아팠던 사람은 자신이었기에 늘 예배의 자리로 나올 수밖에 없었습니다. 하나님께서 거짓말쟁이 야곱을 사용하시기 위해 어떻게 하셨을지, 그리고 그 이유는 무엇일지 자유롭게 나눠 봅시다.

🌼 하나님은 삶의 뜨거움을 가진 사람들을 들어서 일꾼으로 삼으시지만 사역을 맡기기 전에 먼저 정결케 하시는 분이십니다. 하나님은 죄악과 공존할 수 없는 거룩한 분이기에 우리를 정결케 하시며, 당신과의 만남을 통해 죄인이었던 우리의 옛사람의 모습을 깨뜨리십니다.

❷ 야곱은 아버지와 형을 속이고 외삼촌 라반의 집으로 피난살이를 떠날 때 황량한 광야에서 고독하였습니다. 이때 야곱은 이 문제를 어떻게 해결했나요?

(창 28:16-19)

🌼 우리는 죄 때문에 하나님으로부터 멀어지기도 하고 회개를 통해 다시 가까워지기도 하면서 인생을 살아갑니다. 이렇듯 고독의 뿌리는 죄에서 시작되었고 죄가 많은 사람은 그 인생길이 더욱더 고독할 수밖에 없는 것입니다.

3_ 하나님은 씨름하는 자와 함께하신다.

❶ 야곱은 얍복 나루에서 형의 화를 풀어 주고자 그의 모든 소유를 형에게 보냈지만 여전히 마음속에는 두려움이 남아 마음의 평안함을 찾을 수 없었습니다. 야곱이 마음의 평안함을 찾을 수 없었던 이유는 무엇이었을까요?

죄를 간직하고 죄와 더불어 살아온 사람은 평안함이 없는 법입니다. 야곱은 얍복 나루에서 지난 사십 년 동안 그가 움켜쥐기 위해서 저지른 자신의 모든 죄악과 직면할 수밖에 없었습니다.

❷ 삶의 한계 상황에서 하나님께서는 야곱에게 어떻게 하셨으며, 야곱의 반응은 어떠했나요?

(창 32:22)

🌳 야곱이 철저한 실존적 고독 가운데 홀로 남게 되었을 때 하나님은 찾아오셨습니다. 하나님은 번뇌에 몸부림치고 불안해하고 도피하고 싶으나 생의 과제를 가지고 고민하는 사람, 자신의 죄악, 못된 성격, 젊은 날의 실수, 함부로 내뱉은 말 때문에 고민하며 눈물짓고 아파하는 야곱과 같은 사람의 친구이십니다.

하나님은 삶의 문제를 가지고 홀로 서는 사람에게, 그리고 하나님의 이름을 부르는 사람에게 함께해 주시는 분이십니다. 어려운 문제와 고통을 접고 하나님의 사자, 하나님의 임재를 끌어안고 몸부림칠 때 비로소 희망이 열립니다.

❸ 나의 삶 속에서 하나님의 임재를 경험하고도 아직 새롭게 되지 못한 부분이 있나요? 어떤 부분에서 야곱의 삶처럼 깨어져 새롭게 되기를 기대하나요?

🌳 새로운 세계가 열리기 위해서 낡은 세계는 반드시 깨져야 합니다. 하나님의 임재를 경험한 사람, 하나님을 만나서 인간의 논리를 버리고 믿음의 논리, 즉 하나님의 논리를 소유한 사람은 마음이 변화된 전혀 새로운 사람이 되어야 하는 것을 의미합니다.

4_ 하나님은 환경보다 먼저 사람을 변화시킨다.

① 하나님께서는 하나님의 임재와 은혜를 통해 우리를 변화시킨 다음 변화된 우리를 통해 주변을 변화시키십니다. 하나님의 임재를 경험한 이후 나로 인해 하나님의 은혜가 흘러가 주변이 변화된 경험을 함께 나눠 봅시다. 혹시 경험이 없다면 내 주변 사람들에게 어떠한 영향력을 주고 싶은지 나눠 봅시다.

❷ 나에게 고통과 아픔을 주는 사람이 있나요? 그 사람에게 나는 어떻게 했는지 나눠 보고, 하나님께서 왜 그를 내게 보내셨는지 생각해 봅시다.

성령충만한 사람은 그 마음에 미움과 섭섭함이 녹아 없어진 사람입니다. 하나님의 은혜로 녹일 수 있어야 참된 그리스도인이며 이것이 인생의 진정한 승리자의 모습입니다. 하나님의 사랑을 온전히 체험한 사람, 늘 성령 안에서 하나님의 은혜를 맛보고 사는 사람은 누구의 모습에서도 하나님의 모습을 발견할 수 있습니다. 고통 중에 깨닫게 하시는 그분의 섭리와 절망 중에 임하시는 큰 은혜를 발견하게 되며 이것이 바로 하나님을 만난 사람의 모습입니다.

적용하기

1_ 하나님께서는 사람을 들어 쓰시기 전에 먼저 그가 정결하게 되기를 원하십니다. 아직 회개하지 못한 죄가 있다면 묵상으로 하나님 앞에 고백하고 회개하는 시간을 가집시다.

2_ 하나님께서는 인생에 대해 열정을 가진 사람을 원하십니다. 지난주 나의 삶이 하나님께서 원하시는 치열하게 씨름하는 삶이었는지 되돌아봅시다. 그러지 못했다면 가장 기억에 남는 일 한 가지를 적어 보고 이에 대한 이번 주의 다짐을 적어 봅시다. 그리고 결단했던 다짐이 어떻게 실천됐는지 다음 주에 평가해 봅시다.

지난주 [삶에 대한 반성]	이번 주 [삶에 대한 결단]	다음 주 [삶에 대한 평가]

02 영혼을 구원하는 인생이 기적을 일으키는 인생이다
Coramdeo

삶 나누기

1_ 나의 인생 가운데 가장 의미 있었던 만남은 어떤 사람과의 만남이었나요?

2_ 생을 마감하고 나의 묘비를 세운다면 그 위에 어떠한 글귀를 남기고 싶은가요?

생각하기

1. 다음은 사도행전 3장에 등장하는 앉은뱅이에 대한 7문 7답입니다. 말씀 속에서 이 사람에 대한 7문 7답을 채워 주세요.

① 신체상의 단점을 꼽는다면? (행 3:2)

② 주로 어디에서 지내나요? (행 3:2)

③ 하는 일은 무엇인가요? (행 3:2)

④ 평소 어떻게 움직이나요? (행 3:2)

⑤ 가장 특별한 만남을 꼽으라면 누구와의 만남인가요? (행 3:3)

⑥ 가장 듣고 싶은 말은 무엇인가요? (행 3:6)

⑦ 인생에서 일어난 가장 큰 기적은 무엇인가요? (행 3:7-8)

탐구하기

1 하나님을 아는 것과 체험하는 것

① 사도행전 3장은 예루살렘 성전 문 앞에서 앉은뱅이와 베드로, 요한이 만나면서 시작됩니다. 베드로와 요한이 만난 앉은뱅이는 어떤 사람이었을까요? 그의 성격, 지위, 가족 관계 등, 그가 보냈을 삶을 자유롭게 상상해 봅시다.

아무리 선하고 고귀한 신분의 사람일지라도 인간은 누구나 원죄를 가진 존재입니다. 또한 인간은 살아가며 많은 자범죄를 짓고 삽니다. 인간의 많은 종교와 사상으로 죄의 문제를 해결하려 애쓰지만 죄는 인간의 수고 혹은 보상으로 해결될 수 있는 것이 아닙니다. 이러한 죄는 오직 하나님을 만날 때만 해결될 수 있으며 예수그리스도의 보혈의 공로로만 씻음 받을 수 있습니다. 나면서부터 장애를 가지고 아파하며 살아가는 앉은뱅이의 모습에서 원죄를 가지고 신음하는 인간의 자화상을 찾아볼 수 있습니다.

❷ 성전 미문의 앉은뱅이는 베드로와 요한을 만나고 어떤 체험을 했습니까?

❸ 앉은뱅이는 날마다 성전에 나왔지만 하나님의 은혜를 직접 체험하지는 못했습니다. 왜 그랬을까요?

성전 미문의 앉은뱅이가 날마다 성전에는 나왔지만 안으로 들어가 은혜를 맛보지 못하고 문 앞에만 앉아 있었다는 사실은 현대 명목상의 그리스도인을 상징합니다. 오늘날에도 교회를 나오는 사람은 많지만 진정 하나님의 은혜 가운데 변화되며 능력과 기쁨 속에 살아가는 사람은 많지 않습니다. 은혜 속에 들어가 보지 못하고 성전 뜰만 밟고 다닌 이 땅의 수많은 그리스도인에게서 미문 앉은뱅이의 모습을 볼 수 있습니다.

❹ 오늘 예배 가운데 내가 앉은 자리는 성전 미문이었나요? 아니면 성전 안이 었나요? 그렇게 생각하는 이유에 대해서도 함께 나눠 봅시다.

❺ 혹시 예배 외에 다른 이유 때문에 교회에 나오고 있지는 않나요? 내가 교회에 오는 이유는 무엇인가요?

성전 미문의 앉은뱅이는 하나님 앞에 예배하기 위해 성전에 온 것이 아니라 자신의 생계 수단을 위해 구걸하기 위해 성전에 왔습니다. 오늘날도 이처럼 다른 목적으로 교회에 오는 사람들이 있습니다. 교회는 하나님을 만나는 곳이어야 합니다. 자신의 비즈니스나 신분 상승을 위한 장소가 아닙니다.

❻ 아래 내용 중에서 혹시 나에게 해당하는 점이 있다면 표시해 봅시다.

의존적인 신앙인의 모습	주일 아침마다 누군가가 깨워 줘야 교회에 갈 수 있다.	
	소그룹 리더라면 소그룹원에게 자주 연락하고 만나야 한다고 생각한다.	
	말씀은 삶에 도움이 되는 좋은 이야기일 뿐 일반 성도는 지키기 힘든 것이므로 적당히 지켜도 된다고 생각한다.	
	교역자에게 상처받거나 서운한 일이 생기면 교회를 옮겨도 된다고 생각한다.	
적극적인 신앙인의 모습	예배가 시작하기 전에 미리 성전에 나와 기도로 예배를 준비한다.	
	소그룹 가운데 위로가 필요한 사람이 있다면 먼저 다가가 위로의 말과 마음을 전한다.	
	예배 외에도 은혜의 자리가 있으면 리더의 권면이 없더라도 적극적으로 참여한다.	
	하나님께서 사람을 각각 다르게 만드셨다는 사실을 알기 때문에 나와 다른 사람을 인정하고 받아들인다.	

🌸 성전 미문의 앉은뱅이는 날마다 사람들에게 업혀서 성전에 왔습니다. 오늘날도 교회에 자기 의지로 오지 못하는 이들이 많습니다. 자신이 구원받고 복 받는 길임을 알고 있음에도 다른 이들이 권면해 끌고 와야 하는 의존적 그리스도인들이 있습니다. 가족이 성화해야 하고, 구역장이 챙겨 주어야 하고, 목회자가 전화해야 겨우 출석하는 것입니다. 처음 몇 번 혹은 몇 해가 아니라 평생 업혀 다니는, 마치 남을 위해 예수 믿어 주는 것처럼 교회에 다니는 이들의 모습과 앉은뱅이의 모습이 무엇이 다를까요?

2_ 간구하는 자가 기적을 체험한다.

❶ 혹시 내가 성전 미문의 앉은뱅이처럼 명목상의 그리스도인으로 살아가고 있지는 않습니까? 그렇지 않기 위해 내가 해야 할 일은 무엇이 있을지 생각해 봅시다.

❷ 성전 미문의 앉은뱅이는 베드로와 요한을 만남으로써 인생이 크게 변화되는 축복을 받았습니다. 내 인생에도 이러한 축복의 만남이 있습니까? 있다면 누구와의 만남인가요?

❸ 내가 원하는 기도 응답과 하나님께서 주신 응답이 달랐던 경험이 있나요? 그때 어떤 기도 응답이 나에게 더 필요한 것이었는지 함께 나눠 봅시다.

성전 미문 앞 앉은뱅이가 베드로와 요한에게 구했던 것은 돈이었지만 그들이 준 것은 예수 그리스도의 이름이었습니다. 예수 그리스도의 이름이 그를 고친 것입니다. "베드로가 이르되 은과 금은 내게 없거니와 내게 있는 이것을 네게 주노니 나사렛 예수 그리스도의 이름으로 일어나 걸으라 하고 오른손을 잡아 일으키니 발과 발목이 곧 힘을 얻고"(행 3:6-7)

그가 고침 받기 전에 먼저 간구가 있었다는 점을 눈여겨 봐야 합니다. 예루살렘 성전 앞에는 이 앉은뱅이와 같은 거지가 많았을 것입니다. 그중에서 유독 이 앉은뱅이가 주목받은 이유는 베드로와 요한에게 간구하였기 때문입니다. 간구하십시오. 하나님께서는 우리의 필요를 아시고 가장 좋은 것으로 응답해 주십니다.

3_ 기적의 목적은 영혼 구원과 회복이다.

❶ 성전 미문의 앉은뱅이에게 일어난 기적처럼 나의 생활 가운데 하나님의 은혜를 경험한 적이 있나요? 그 경험을 함께 나눠 봅시다.

앉은뱅이가 고침 받는 기적의 현장에서 베드로는 이 기적이 예수 그리스도의 이름으로 되었음을 증거합니다. 이 기적을 보고 베드로의 복음 증거를 들은 후에 그리스도를 믿은 자의 수가 남자만 약 오천 명이 되었습니다. 이것을 보고 가장 놀란 사람은 베드로였을 것입니다. 그는 빌라도의 법정에서 예수님을 부인한 사건으로 동역자들 앞에서 고개를 들지 못한 사람이었습니다. 그런 그의 설교에 수많은 사람이 하나님께 돌아오다니. 또 하나의 기적은 베드로의 회복이었을 것입니다.

❷ 마음속에 큰 아픔과 상처가 있었을 때 하나님의 기적으로 회복되었던 경험이 있나요? 하나님께서 어떻게 회복시키셨는지 함께 나눠 봅시다.

앉은뱅이가 고침 받은 사건은 기적의 시작, 축복의 통로였습니다. 그의 치유를 통해 베드로가 치유되었고, 백성의 영혼이 치유되었습니다. 하나님께서 우리 가운데 바라시는 기적은 나 하나만을 위한 기적, 내 가정만 잘 먹고 잘사는 기적이 아닌 타인을 살리고 공동체를 하나님께로 돌아오게 하는 기적입니다.

적용하기

1_ 지금 우리에게도 영적인 장애 때문에 아파하며 살아가는 앉은뱅이의 모습이 있습니다. 하나님 안에서 변화되고 싶은 내 모습이 있다면 하나님께 고백하며 하나님의 만지심을 느끼는 시간을 가집시다.

2_ 우리 주변에도 성전 미문의 앉은뱅이처럼 사랑과 관심을 갖고 하나님 앞에 나올 수 있도록 해주어야 하는 사람이 많이 있습니다. 아래 미션지를 작성해서 일주일간 생각나는 사람을 위해 실행해 봅시다.

미션 대상자	
미션 수행 기간	
미션 내용	1. 미션 대상자가 하나님과 가까워질 수 있는 방법을 생각해서 미션 내용을 정합니다. 2. 어떻게 섬길지 목표를 세우고 그 목표대로 행동했는지 점검해 봅시다.

● 미션 수행 일지

	오늘 내가 섬겨야 할 일 – 목표	실천 여부
주일		
월		
화		
수		
목		
금		
토		

Part 3_ 하나님 앞에서 세상과 함께 춤춰라

03 하나님 앞에 서는 것이 승리의 비결이다
Coramdeo

삶 나누기

1_ 살면서 내가 했던 가장 큰 거짓말은 무엇이었나요?

2_ 내가 한 거짓말이 들통이 나서 민망했던 경험이 있나요? 있다면 어떤 것이었는지 함께 나눠 봅시다.

생각하기

1_ 초대교회 공동체 사람들은 자신의 재산을 어떻게 관리했나요?

(행 4:32-35)

2_ 아나니아와 삽비라가 소유를 팔아 내어놓게 된 이유는 무엇인가요?

(행 4:36-37)

3_ 아나니아와 삽비라가 하나님 앞에 한 거짓말은 무엇이었고 그 결과는 어땠나요?

(행 5:1-10)

탐구하기

1_ 하나님 앞에 진실하라.

❶ 초대교회 공동체에서는 각각 자기의 능력에 따라 생산하였어도 그것을 내 것이라 주장하지 않고 사도들에게 맡겨 각 사람의 필요에 따라 나눠 주도록 했습니다. 이러한 공동체의 모습이 가능했던 이유는 무엇이었을까요?

(행 2장)

2_ 초대교회가 성령의 능력으로 아름다운 신앙의 공동체를 이루게 되자 사방에서 믿는 자의 수가 더해 갔습니다. 나날이 교회가 부흥하고 있을 때 한 비극적 사건이 벌어졌는데 곧 교회 중직자였던 아나니아와 삽비라가 모든 사람 앞에서 공개적으로 죽음을 당하게 된 것입니다.

❶ 아나니아와 삽비라의 가장 큰 잘못은 무엇인가요?

(행 5:3)

❷ 아나니아와 삽비라가 저지른 잘못은 성경의 다른 인물들을 통해서도 나타납니다. 대표적으로 아담과 하와, 가인의 모습을 살펴보고 하나님께서 슬퍼하신 진짜 이유를 생각해 봅시다.

아담과 하와 (창 3:13)	☐ 선악과를 따 먹었기 때문에 ☐ 하나님 앞에 진실하지 못한 그들의 태도 때문에
가인 (창 4:9)	☐ 동생을 질투하여 죽였기 때문에 ☐ 죄를 저지른 후 하나님 앞에 진실하지 못했기 때문에

❸ 아나니아와 삽비라처럼 다른 사람과 내 양심 앞에 진실하지 못해서 갈등했던 경험이 있다면 함께 나눠 봅시다.

🌸 아나니아와 삽비라 사건을 통해 하나님께서 우리에게 던지는 분명한 메시지는 하나님 앞에서만이라도 진실하라는 것입니다. 우리는 하나님 앞에서만이라도 진실한 사람이어야 합니다. 하나님 앞에서 진실을 갖출 때 내 양심 앞에서 진실할 수 있습니다. 하나님 앞에서도 진실하지 못한 사람이 어떻게 내 양심과 타인에게 진실할 수 있겠습니까? 그것은 불가능한 일입니다.

④ 하나님 앞에 진실하지 못해서 괴로워했던 경험이 있나요? 그때 나의 마음과 상황은 어떠했는지, 그리고 그 문제를 어떻게 극복했는지 나눠 봅시다.

⑤ 진실하지 못한 동기로 헌금하고 봉사했던 적이 있나요? 그 결과는 어떠했는지 함께 나눠 봅시다.

❻ 신앙생활을 하면서 사람에게 칭찬받고 싶다거나, 특정 인물보다 잘 보이고 싶다는 생각으로 행동한 적이 있나요? 그때의 내 마음은 어땠는지 나눠 봅시다.

🌸 아나니아와 삽비라가 처음부터 진실치 못한 사람은 아니었습니다. 결코 적지 않은 땅을 판 돈을 드리겠다고 결심한 것은 분명 믿음의 결단이었을 것입니다. 하지만 그들의 진심은 바나바라는 사람이 등장하면서 변질되기 시작합니다(행 4:36-37). 바나바가 자신의 밭을 팔아 헌금한 것입니다. 어쩌면 아나니아와 삽비라의 마음에는 '바나바가 했는데 나라고 못 하라는 법이 있나?' 하는 마음이 생겼을지도 모릅니다.

이것은 진실한 그리스도인의 자세가 아닙니다. 하나님 앞에서의 헌신과 헌금의 동기는 오로지 십자가에 대한 감격뿐이어야 합니다.

2_ 진실은 성령님께서 주시는 축복이다.

① 아나니아와 삽비라 둘 중 한 사람이라도 진실했다면 결과는 어떻게 달라졌을까요? 자유롭게 나눠 봅시다.

(행 5:3-10)

② 나와 가장 가까운 사람, 친구나 가족 중에서 하나님과의 관계를 진실하게 회복시켜야 할 사람이 있나요? 그를 위해 나는 어떤 노력을 하고 있나요?

아나니아와 삽비라의 죽음은 나의 가장 가까운 사람에 대해 어떤 책임을 감당해야 하는가를 제시하고 있습니다. 사랑하는 사람에게 해줄 우리의 첫 번째 의무는 그를 하나님 앞에 진실한 인생으로 세우는 것입니다.

❸ 나의 삶 가운데 하나님 앞에 진실할 수 있는 능력과 용기를 구하고 있나요? 하나님 앞에 진실하기 위해서 노력하고 있는 점은 무엇인가요?

🌸 그리스도인이라면 하나님의 말씀 앞에 진실해지기 위해 힘써야 합니다. 진실은 능력과 용기를 가진 사람만이 행하는 하나의 결단이며 그 능력은 성령 안에서 이루어지는 축복입니다. 그러므로 하나님 앞에 나아가 부족함을 고백하고, 간구해야 합니다. 언젠가 우리는 모두 진실과 직면하게 될 날이 있음을 기억해야 합니다.

MEMO

적용하기

1_ 날마다 하나님 앞에서 진실한 삶을 살았는지 되돌아봅시다. 하나님 앞에서 진실하지 못했던 마음이 있다면 이 시간 하나님 앞에 고백하여 묵상으로 회개하는 시간을 가집시다.

2_ 진실함에 대한 세상의 유혹이 올 때 어떻게 하는 것이 가장 지혜로운 방법인지 다음의 상황에 대해서 함께 나눠 봅시다.

모든 사람이 부정행위를 하는데 이것을 방조하는 시험장에서	
직장 내의 비리와 부조리를 발견했을 때	
정직하면 손해 보는 사업을 위해 불가피하게 해야 할 불법에 대한 문제들	

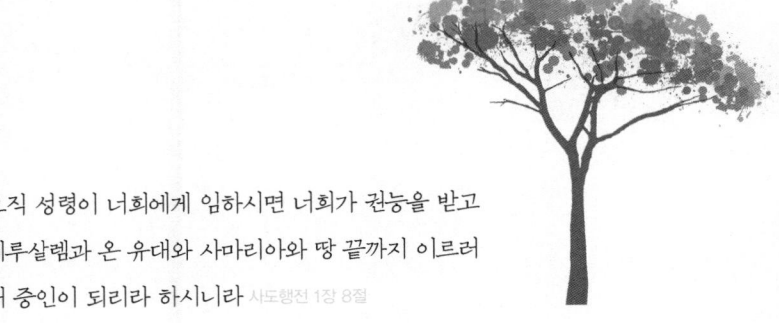

오직 성령이 너희에게 임하시면 너희가 권능을 받고
예루살렘과 온 유대와 사마리아와 땅 끝까지 이르러
내 증인이 되리라 하시니라 사도행전 1장 8절

그러므로 너희는 가서 모든 민족을 제자로 삼아
아버지와 아들과 성령의 이름으로 세례를 베풀고
내가 너희에게 분부한 모든 것을 가르쳐 지키게 하라 볼지어다
내가 세상 끝날까지 너희와 항상 함께 있으리라 하시니라

마태복음 28장 19~20절

교회만이 희망이다
교육교재

초판 1쇄 발행 | 2013년 5월 8일

지은이 | 홍성욱
펴낸곳 | 교회성장연구소
발행인 | 이영훈
편집인 | 이장석
편집장 | 노인영
기획 및 편집 | 김태희 · 이초롱
본문 디자인 | 박진실
표지 디자인 | 서주영
마케팅 | 이승조 · 문기현
쇼핑몰 | 김미현 · 김세협 · 김수정

등록번호 | 제12-177호
주　　소 | 서울특별시 영등포구 여의공원로 101번지 CCMM빌딩 9층 901A호
전　　화 | 02-2036-7935
팩　　스 | 02-2036-7910
웹사이트 | www.pastor21.net

ISBN 978-89-8304-187-6 03230

※ 책 가격은 뒤표지에 있습니다.
※ 잘못 만들어진 책은 바꿔 드립니다.

"무슨 일을 하든지 마음을 다하여 주께 하듯 하라" (골 3:23)

교회성장연구소는 한국 모든 교회가 건강한 교회성장을 이루어 하나님 나라에 영광을 돌리는 일꾼으로 성장하는 것을 목표로, 목회자의 사역은 물론 성도들의 영적 성장을 도울 수 있는 필독서들을 출간하고 있다. 주를 섬기는 사명감을 바탕으로 모든 사역의 시작과 끝을 기도로 임하며 사람 중심이 아닌 하나님 중심으로 경영한다. "무슨 일을 하든지 마음을 다하여 주께 하듯 하라"는 말씀을 늘 마음에 새겨 하나님이 주신 사명을 기쁨으로 감당한다.